解码叛逆期：
叛逆不是
孩子的错

甄知　编著

四川教育出版社
·成都·

图书在版编目（CIP）数据

解码叛逆期：叛逆不是孩子的错 / 甄知编著 . —
成都：四川教育出版社，2022.12
ISBN 978 7 5408-8406-2

Ⅰ . ①解… Ⅱ . ①甄… Ⅲ . ①青春期—家庭教育
Ⅳ . ① G782

中国版本图书馆 CIP 数据核字（2022）第 247713 号

JIEMA PANNIQI：PANNI BUSHI HAIZI DE CUO

解码叛逆期：叛逆不是孩子的错

甄知　编著

出 品 人	雷　华	
特约策划	时代文轩	
责任编辑	刘　青	
责任校对	周代林	
封面设计	松　雪	
出版发行	四川教育出版社	
	地　　址　成都市锦江区三色路 266 号新华之星 A 座	
	邮政编码　610023	
	网　　址　www.chuanjiaoshe.com	
印　　刷	永清县晔盛亚胶印有限公司	
版　　次	2023 年 1 月第 1 版	
印　　次	2023 年 1 月第 1 次印刷	
开　　本	880mm × 1230mm　1/32	
印　　张	6	
书　　号	ISBN 978-7-5408-8406-2	
定　　价	36.00 元	

如发现印装质量问题，影响阅读，请与本社联系。

总编室电话：（028）86365120　编辑部电话：（028）86365129

在孩子叛逆期来临时，

父母应做到不吼叫，不打骂，

陪孩子度过每一个叛逆期。

序言

叛逆期孩子的正面管教

　　叛逆期是孩子在成长路上必然要经历的时期。面对处在叛逆期的孩子，父母也许忧心忡忡，也许愁眉不展，也许不知所措。其实，只要对叛逆期的孩子进行科学有效的引导和正面管教，就能帮助孩子顺利度过叛逆期，而且会使叛逆期成为孩子收获颇丰的特殊成长阶段，成为孩子人生旅途中的一段值得回忆的时光。

　　在孩子的成长过程中，有三个叛逆期：2—3 岁是人生第一个叛逆期，称为"宝宝叛逆期"；7—9 岁则是人生第二个叛逆期，称为"儿童叛逆期"；12—18 岁是人生第三个叛逆期，就是大家熟知的"青春叛逆期"。

　　在不同年龄阶段，孩子的叛逆会有不同的特点和表现。父母只有了解孩子的心理发展规律，找出孩子叛逆背后的真正原因，才能理解孩子的种种行为表现，更好地帮助孩子顺利度过叛逆期。如果父母懂得倾听孩子的心声，并能针对孩子的不同问题和困扰找到恰当的方法，帮助孩子理性应对，就可以实现良好的亲子沟通，帮助孩子健康快乐地成长。

本书以现实生活中孩子各个叛逆期最常见的表现为案例，指导父母学习如何与孩子进行有效沟通与交流，怎样走进孩子的内心、融入孩子的生活，怎样取得孩子的信任、成为孩子的朋友，帮助父母实现有效的正面管教，更加积极、从容地应对孩子的叛逆期。

2022 年 4 月

目 录
CONTENTS

上 篇　宝宝叛逆期的正面管教

中 篇　儿童叛逆期的正面管教

下　篇　青春期孩子的正面管教

第三章

友谊万岁，奏响友情的圆舞曲　　　165

叛逆不是孩子的错

上 篇

宝宝叛逆期的
正面管教

第一章

关注敏感期，
培养孩子好情绪

孩子的敏感期正是教育的关键期

冲冲今年已经3岁了，从冲冲出生的那天起，妈妈就为他准备了一本成长日记，准备作为冲冲18岁的成人礼物。这本成长日记有个特别的地方，那就是上面记录了孩子的表现和妈妈的心情，妈妈还用另一种颜色的笔在上面写下了孩子出现这种表现的原因。虽然带孩子是一件很辛苦的事情，但是每当翻开这本成长日记，妈妈的脸上总是会浮现出幸福的笑容。

我的宝宝好可爱！他来到这个世界已经3个月了，离开他一会儿我都觉得很想念。我每天都会拿着小玩具在他的眼前晃，而他的眼睛也会滴溜溜地跟着玩具转来转去。孩子的眼睛真的很纯净，黑白分明。不写了，我要去看宝宝了。

孩子感官的发育中，最先发育的是视觉。视觉能力发展的关键时期是1岁之前的婴儿期。3个月大的时候，孩子的眼睛已经可以跟随物体移动，也能把视线集中在某一个物体上。所以，有色彩的或者运动着的物体都能吸引孩子的目光，促进孩子视觉的发展。

冲冲到底更喜欢谁呢？前两天我们和冲冲一起睡觉，他爸爸随手抓过我的枕头放在了自己的头下面，冲冲推开了他爸爸，嘴里嘟囔着说："这是妈妈的。"我当时心里那个开心呀，很骄傲地冲着老公挤眼睛。结果昨天冲冲的态度就来了个180度的转变。我们去郊游，我拿过他爸爸的帽子戴在自己头上，没想到冲冲一下就把我头上的帽子摘了下来，给他爸爸戴上了。这下轮到他爸爸冲我挤眼睛了。

其实，孩子的上述行为与孩子更喜欢谁并没有多大关系，而是因为他正处在秩序敏感期，对物品所有者的秩序非常敏感。孩子需要一个有序的环境来帮助他认识周围事物之间的关系，这样才能更适应环境，让行动更具有目的性，并且在建立秩序感之后找到自己最喜欢的生活方式。

冲冲今天变成了一个"坏孩子"，我去幼儿园接他的时候，他竟然对我说了一句："坏妈妈，我要打你！"听到这句话，再看看冲冲那认真的表情，我的心里别提多难受了！

其实，孩子有上述行为，是因为孩子进入了语言敏感期。当孩子的语言能力进一步提高之后，他会发现语言具有力量，尤其是发现具有强烈感情色彩的词汇竟然可以产生让别人生气的力量，所以孩子骂人的时候是在验证语言的威力。此时最好的应对方式就是冷静，不要对孩子的异常行为做出任何激烈反应。

冲冲学会走路以后，他的活动范围增大了，接触的东西也越来越多。今天我不小心把他房间的一个小盒子打翻了，里面的东西都是冲冲的宝贝：碎纸片、小树叶、小纽扣、黄豆粒……看到自己的宝贝们被打翻，他迅速冲了过来，把这些东西一个个捡起来，然后小心翼翼地放进了小盒子里。这孩子，以后不会成为"破烂王"吧？不过也好，行行出状元嘛！

其实，孩子出现上述行为，并不是因为孩子爱上了"收破烂"，而是因为孩子进入了对细微事物感兴趣的敏感期。这个时期，孩子开始喜欢观察和收集琐碎的事物。如果父母这时候忽视了对孩子观察细微事物的能力的培养，那么孩子长大以后就容易成为一个粗心的人；如果父母对孩子的引导得当，那么孩子就会具备优秀的观察和探索能力。

冲冲妈妈的这本成长日记记录了冲冲每一天的变化。3岁前，孩子的成长确实可以用"日新月异，突飞猛进"来形容，因为此时的孩子正处在一个接一个的敏感期内。在这些敏感期，孩子受内在生命力的驱使，会在某个时间段专心认识环境中某一个事物的特征，并且不断实践。每度过一个敏感期，孩子的智力水平就会上升到一个新的层面。

在各个敏感期，如果孩子受到干扰或者阻碍，他们的各种相关能力可能会发展不好。可见，敏感期的作用是举足轻重的，它对孩子的一生都会产生影响。敏感期是自然赋予孩子顺利成长的生命助力，为人父母者与其逼着孩子痛苦地学习某些技能，不惜一切代价让孩子赢在起跑线上，不如耐心地迎接孩子敏感期的到来，让他们遵从心灵导师的指引，自发、自主地快乐学习和成长。抓住敏感期，会让学习变得轻松愉快，事半功倍。

一点提示

孩子在0—3岁这个阶段存在很多敏感期，顺利度过敏感期有利于儿童性格的形成和发展。

99

让孩子顺利度过"认生期"

认生是指儿童对不熟悉的人表现出的一种害怕的反应。例如，有的孩子见到陌生人会表现出严肃、紧张的神态，或者试图回避、躲藏；有的孩子甚至表现出严重的恐惧，挣扎着要离开现场。这些都是孩子认生的表现。

风和日丽的一天，妈妈带着2岁半的乐乐在公园的草丛中玩耍。可爱的蝴蝶从乐乐眼前翩翩飞过，乐乐高兴地晃动小手，试图抓住蝴蝶，却见蝴蝶轻盈地从她的手前掠过，乐乐不禁手舞足蹈。这时，邻居家的王爷爷从远处走来，笑眯眯地对乐乐说："乐乐，爷爷抱抱你？"说着王爷爷就伸出了双手，可谁知原本喜笑颜开的乐乐竟然哇的一声哭了起来，她推开王爷爷的手，哭着跑向妈妈。妈妈抱起她一边安慰一边说："这是王爷爷，怎么不认识啦？上次王爷爷抱你时，你还那么听话，怎么突然就不认识了？"

认生不是突然发生的，而是一个逐渐显露的过程。4个月的孩子对陌生人会笑，只是比对母亲笑得要少。他们对新奇的对象显示出极大的兴趣，不害怕陌生人。4—5个月的孩子注视陌生人的时间甚至会多于注视熟人的时间。到了5—7个月，孩子见到陌生人往往会表现出一种严肃的表情。7—9个月的孩子见到陌生人时会感到紧张了。

"乐乐，你好！"

很多孩子在2岁多的时候都会出现认生的现象，其实这是孩子身心发育过程中一种很正常的现象。在心理学上，人们将婴幼儿对陌生人表现出来的害怕反应称为怯生。过去有一段时期，人们认为怯生和依恋一样，是一种不可避免的、普遍存在的现象。但是现在许多研究表明：认生不是普遍存在的。孩子对陌生人的害怕程度取决于很多因素，这些因素包括陌生人的行为特点、孩子发展的状况、孩子当时所处的环境等。

下面是决定孩子是否认生的几个因素：

1. 父母是否在场

如果父母抱着孩子，这时即使陌生人过来，对孩子的影响也不大。但是如果母亲与孩子有一定的距离，那么孩子就可能会感到害怕。

2. 看护者的多少

如果孩子只由母亲一个人来看护，那么他面对陌生人时的害怕程度可能比由许多人看护的孩子要高。在托儿所看护的孩子与在家里看护的孩子相比，前者发生认生的情况比后者少。

3. 孩子与母亲的亲密程度

孩子与母亲的关系越亲密，见到陌生人越害怕。

4. 环境的熟悉性

如果自己家里进来一个陌生人，那么孩子几乎没有认生的反应；如果孩子在一个陌生的环境里，这时有陌生人走进来，那么孩子一般会感到害怕。

5. 陌生人的特点

孩子并不是对所有的陌生人都感到害怕，他们面对陌生孩子的反应与面对陌生成人的反应完全不同，他们会对陌生孩子产生积极、温和的反应，而对陌生成人感到害怕。因此，脸部特征也是引起孩子害怕陌生人的重要因素。

6. 孩子接受刺激的多少

孩子平时获得的听觉刺激和视觉刺激越多，越不容易认生，这是因为孩子已习惯于接受各种刺激，所以即使陌生人出现，他们也不觉得新奇，因而不太容易产生害怕的情绪。

那么父母怎样做才能让孩子不认生或减少认生的情况呢？

首先要抓住孩子不认生的阶段（4个月以下），这一时期要多带孩子到更广阔的场景中活动，接受丰富多彩的刺激，特别要让孩子接触各式各样的人群，熟悉男女老少的各种面孔。对于内向的孩子来说，父母要刻意创造与人接触的各种条件与环境。这一阶段的训练，也是决定以后是否会认生的关键。

4个月以后的孩子已经有了认生现象，这个时候既不要避免让他们与陌生人接触，也不要强迫他们与陌生人接触，否则会适得其反。父母可以经常带孩子到亲朋好友家串门，或邀请他们来自己家做客。但是要避免众多陌生人一起与孩子打招呼或抢着抱孩子的情况发生，因为这会使孩子缺少安全感，增加认生的程度。

到了2—3岁仍然认生的孩子，父母不要当着孩子的面经常提起他这个情况，以免增加孩子的心理压力。父母可以常带孩子到儿童游乐场，先让他与陌生的孩子交往，还可以为孩子寻找不认生的孩子做伙伴。当然，当孩子能够自然地回答陌生人的问话或有礼貌地跟陌生人打招呼时，父母一定要及时肯定和称赞。

父母要多带孩子到陌生的环境中去。孩子认生主要是由于不愿意接触陌生环境和陌生人，如果可以多到全新的环境中，比如公园或户外，孩子便可以逐渐改善认生的情况。

同时，父母还要适度培养孩子与陌生人交往的能力，可以试着教孩子一些基础的礼仪，比如让孩子学会主动打招呼，这样可以得到积极的回应，能够有效减轻孩子对陌生人的害怕心理，舒缓孩子的紧张情绪，使孩子能够更快地适应陌生人。

一点提示

父母可以主动为孩子寻找不认生的孩子做伙伴，伙伴的榜样作用往往超过成人的指导。当孩子有积极的表现和进步时，父母要及时给予奖励或称赞。

陪伴是父母给孩子最好的礼物

孩子的成长是离不开父母的陪伴的，但是现在很多父母为了给孩子提供更加优越的物质生活，选择让老人或者保姆代替自己来带孩子。其实在孩子的成长过程中，物质条件只排在次要的位置，父母能够给予孩子最好也是最重要的礼物就是对孩子的陪伴。良好的物质生活能够带给孩子的快乐是十分有限的，而父母的陪伴却是孩子成长过程中不可或缺的因素。

经常跟父母在一起的孩子，不仅更容易感到幸福和快乐，而且逻辑思维能力也会得到很大的提高。很多父母不希望自己的孩子过于娇气，希望自己的孩子乐观、勇敢、自信，而老人或者保姆带大的孩子，则可能会表现出羞怯、胆小、内向等性格特征。

奥地利著名生物学家康拉德·劳伦兹曾经对灰腿鹅进行了一项不寻常的实验。他把灰腿鹅生的蛋分两组孵化。第一组由母鹅孵化，孵出的小鹅最先看到的活体是母鹅。这一组后来出现的现象是母鹅走到哪儿，小鹅就跟到哪儿。第二组使用人工孵化器孵化，小鹅出生后没有让它们看见自己的母亲，而让它们最先看到劳伦兹本人。奇怪的事发生了：劳伦兹走到哪儿，小鹅就跟到哪儿，原来小鹅把劳伦兹当作母亲了。

随后劳伦兹把两组小鹅放在一起，扣在一只箱子下面，让母鹅站在不远的地方。当劳伦兹突然把箱子拿走后，受到惊吓的小鹅分别朝两个方向跑去：记住母亲的那些小鹅冲向了母鹅，记住劳伦兹的那些小鹅则朝劳伦兹跑来。

这就是生物学中常见的印随行为，劳伦兹把这种现象称为"母亲印刻期"。之后，又有很多科学家对此进行了研究，发现能产生印随行为的动物有许多种，部分鸟类、昆虫、鱼类、豚鼠、绵羊、鹿、山羊、水牛等都能产生印随行为。

虽然这是发生在动物界的现象，但是也给了我们启示。那就是母亲的工作不能由别人代替，孩子的教育需要由母亲来亲自承担。小动物出生之后都会本能地追随母亲，何况是人类呢？孩子不仅需要物质上的满足，还需要母亲感情的投入。现在很多母亲因为工作忙，没有很多时间和孩子朝夕相处，这时，可以请别人代为照顾孩子的生活起居，但是孩子的教育和情感满足的职责，作为母亲一定要自己承担，这是一个母亲的天职，无论有什么样的理由，这个责任都不能推卸。

后来劳伦兹又做了一个实验，他把刚出生的小鹅与外界隔离，过了几天再让别的动物去接近它，结果小鹅就再也不找母亲了，即使母亲出现也不会理睬。

"不希望妈妈出差，又要很久见不到妈妈了。"

　　"母亲印刻期"非常有限也很短暂，错过这个时期，小动物就再也不会有"母亲印刻期"了。所以自己的孩子自己带不仅是为了让孩子形成安全感，从母亲的角度来说，这也是与孩子建立感情的最好时期。只有在这个时候对孩子进行感情投资，孩子才可能与母亲形成亲密的关系，并把这种与母亲的亲密感保持一生。

　　孩子早期的成长环境将会直接影响他成年后的社会关系，决定他与别人相处的模式。如果孩子从小没有形成良好的依恋关系，那么他日后与别人建立信赖关系时就会出现障碍。1岁半之前，孩子需要和母亲亲密相处才能建立由母婴依恋带来的安全感。如果这个时候母亲不能照顾孩子，那么这种安全感将很难建立，孩子心里就会充满恐惧。

　　此外，现在的母亲大多是把孩子交给老人抚养，这样做虽然自己轻松，但是会拉开了自己与孩子的心理距离，而且对孩子的成长十分不利。

　　孩子是上天赐给母亲的天使，每个母亲都有抚育他们的责任。除了生活上的照顾外，心理上的影响更加重要，而这也关系

到孩子日后基本的心理素质。所以抽出尽可能多的时间陪伴孩子成长，将是母亲送给孩子最好的礼物，也会成为一个母亲一生中最美好的回忆。

一点提示

　　父母带的孩子，对父母有更多的依赖与信任，也愿意跟父母说心里话。这样，父母就可以在孩子叛逆期的时候及时予以引导和教育。

"

把握建立亲子信任的最佳时期

如何得到孩子的信任是所有父母十分关心的问题。很多父母会发现，原本对自己十分信任、十分依赖的孩子，不知从哪一天起，开始对他们缄口不言了，经常把自己关在屋子里，或者在情感上把自己封闭起来，不愿意让他们了解自己的心声。对此，父母总是很着急，把握不了孩子的心理发展状况，生怕孩子有什么不健康的心理或是成长中的心结。

亲子之间的信任关系本就不是与生俱来的，特别是随着孩子的成长，孩子对父母在生活照料方面的依赖性会越来越弱，如果父母不注意把握建立信任的最佳时期，就会让孩子在心理上与父母拉开距离。

小石头2岁半了，现在他简直就是家里的"小皇帝"，要风得风，要雨得雨。一有什么事情不满意，他就咧嘴一哭，父母马上就会在第一时间赶到，看看他出了什么状况。当父母帮他处理好之后，小石头就会看着父母，然后开心地笑起来。

父母对孩子都是极富热情和耐心的，他们总是在孩子需要的时候第一时间出现，生怕孩子受了什么委屈。孩子虽然来到这个世界不久，但是他很快就会感受到父母对他的热情，当然他们也会用自己的方式来回应父母，比如哭泣、手舞足蹈或者微笑等，这些都是他们给父母的信号。父母往往在接收信号之后满足孩子的愿望。孩子就在发出自己的信号和接收父母信号的过程中逐渐产生最初的信任感。

孩子通过自己的需求与社会建立最初的联系，他用哭声、表情、动作来表达自己的需求，这些需求不仅包括生理方面的需求，也包括被父母关注和被抚摸的需求。如果父母能够对孩子的需求做出敏锐而准确的回应，孩子就会感到周围的人和世界都是可靠的，他们就会在父母给予自己的满足中建立安全感和信任感。

不过现实中我们常常看到父母走进这样的误区：孩子平安地来到世界之后，早已经储备了很多提高孩子智商和情商妙招

的父母就迫不及待地把这些方法在自己的孩子身上进行实验。对于开发孩子的智商，很多父母已经胜券在握，但是在提高情商方面，父母还有很多误区。父母总是认为只要能够给孩子足够的爱就可以了，但是他们忽略了孩子是有自己的发展规律的。孩子在不同的年龄段所需要的爱的内容和方式也是不同的。父母只有给予孩子需要的爱，才可以养育出身心健康的孩子。

那么在孩子生命的早期，他需要的爱是什么样的呢？孩子在0—3岁的时候，心理发展最重要的任务就是建立信任感，克服对世界的怀疑感。如果孩子能够建立很好的信任感，那么就会为他长大以后的人际交往能力打下基础。

那么父母要怎样做才能充分利用这个建立信任感的关键时期呢？

1. 培养对孩了的敏感度

聪慧的父母很容易和孩子建立信任关系，因为他们懂得孩子的需要，也知道怎样才能让孩子开心。孩子通常会在体验父母给自己的满足后感到安全并和父母建立信任关系。与父母成功建立信任关系的孩子长大后大多数会具有乐观、自信的性格特征。如果父母对孩子的需求不敏感，经常让孩子的期望落空，那么孩子就会对周围的人和世界产生不信仟和恐惧的感觉，这样长大的孩子对周围的人和世界也会很冷漠，大多会性格悲观、多疑。

2. 尽量多抚摸孩子

多抚摸孩子也能让孩子感受到父母的爱意，帮助孩子产生信任感。婴儿时期，孩子的皮肤十分敏感，他可以通过被抚摸来感受父母的爱。抚摸会给孩子带来安全感，能消除他的不安情绪，放松他紧张的神经。

3. 注重感情的培养

信任关系的建立要注重感情的培养。父母首先要做的就是多陪伴孩子，跟孩子一起做游戏，一起出去游玩，一起读书，一起聊天，一起散步等，这样孩子与父母之间就拥有了感情基础，亲子关系会更亲密。

一点提示

0—3 岁不仅是建立信任关系的最佳时期，而且也是建立亲子依恋的最佳时期，所以父母一定要抓住这一时期，让孩子走好人生的第一步。

第二章

读懂孩子，
调适孩子心理

如何应对孩子哭闹和发脾气

对于父母来说，孩子哭闹、发脾气也许是司空见惯的事，很多父母也许都遇到过孩子整晚哭闹不止的情况。孩子每天折腾起来没完，让父母不知所措。

妙妙是一个6个月大的婴儿，她刚出生时，全家面对新生命的到来兴奋不已，父母都沉浸在幸福之中，爷爷奶奶、外公外婆看到妙妙可爱的样子，更是乐得合不拢嘴。刚出生的几个月，妙妙总是吃饱了就睡，睡醒了就吃，很少有不明原因的哭闹，大家不禁夸赞说："妙妙真是个懂事的孩子，真是太好带了。"可谁知，最近妙妙忽然就变了样，她白天不明原因地哭闹不止。妙妙的妈妈开始以为妙妙是饿了，或者是该换尿不湿了，再就是添加辅食之后肠胃不适应。可是妙妙的妈妈安排妥当这一切之后，妙妙依然啼哭不止。到了夜晚，妙妙不再像过去那样酣睡，而是成了个小"闹人精"，小拳头握得紧紧的，小脸憋得红红的，非得大人抱着走来走去才满意，只要把她放在床上，她马上"落地醒"。没几天的工夫，妙妙的父母便被妙妙折磨得筋疲力尽了。

妙妙这样的情况，相信很多父母都似曾相识。有的孩子哭闹时，表情十分痛苦，不仅腿、脚屈起来，还弯着背，挣扎得很厉害，而且拒绝进食。有的孩子则是几乎整天哭闹，并且经常焦躁不安，睡眠不深和不愿进食。

怎样解决孩子哭闹的问题呢？不少父母进行了多种尝试，如觉得孩子的哭闹可能是饿了，就进行喂食；觉得孩子太冷或太热，就增加或减少衣服；认为孩子太无聊了，就陪孩子玩一玩；或者是感到孩子累了，就让孩子睡觉；认为孩子不舒服，就摸一摸孩子是不是发热了。如果以上的尝试都不对，孩子仍旧哭闹不止的话，父母就不知如何是好了。

在排除由于身体不适造成的哭闹后，对于哭闹不止又找不到原因的孩子，父母不妨有针对性地寻找解决的办法。比如为孩子建立生活规律和模式。父母应该认真观察和预测孩子的行为，并

"是不是饿了呀？"

在保证孩子生活规律后，建立有效的沟通方式。习惯成自然，良好的生活规律和相处模式可以避免没缘由的哭闹。

除此之外，还可以对孩子进行节奏性的刺激。这是一种传统的安抚哭闹的模式。例如一面轻轻摇晃、拍打，一面轻轻哼唱催眠曲，慢慢缓解孩子的哭闹。摇晃哭闹不安的孩子可以使其很快安静下来，但要注意摇晃的方向和力度。

有的时候，孩子明显是在发脾气。孩子发脾气时的表现是大声号哭、尖叫、踢物品或乱扔东西，这看上去让人十分担忧。长此以往，孩子容易形成暴躁的性格。那么面对孩子发脾气的行为，父母应该怎样做呢？

1.处理好孩子的第一次发脾气

孩子发脾气不是天生的，他的情绪变化有个过程。但是要特别注意处理好孩子的第一次发脾气。这对防止孩子养成发脾气的坏习惯是极为重要的。当孩子第一次发脾气的时候，不要问是什么原因，不要理睬，直接告诉孩子："你什么时候安静下来，我才和你说话。"并一直坚持自己的态度。当孩子平静下来以后，父母要告诉孩子这样做不对，有什么要求提出来，父母会帮忙解决。如果在这时候父母心软，怕孩子发脾气伤了身体，以后孩子在发脾气时，就很难令其平静下来。

2. 了解原因，有的放矢地解决问题

父母对付孩子坏脾气的第二步是找出孩子发脾气的原因。若是孩子因为未能完成某件事情而表现出烦躁，父母最好的做法是立即给予应有的注意，如果用语言说不明白，应带着理解的心情，和孩子一起做，这样就能有效避免孩子为此而发脾气。

3. 冷静处理孩子的无理要求

拒绝孩子的要求，不能采取强硬的态度，不能居高临下，更不能打骂。这时候，父母要冷静，要适当地给孩子留点面子，找个合适的台阶让孩子下来，等孩子冷静下来以后，讲清楚发脾气的危害，让孩子自己主动承认错误，并向父母道歉。

4. 表现你对他的爱

孩子的自我控制能力较差，父母要温柔、温和地和孩子讲话，如果孩子在叫嚷，父母要注意简化自己的用语，平静地和孩

子说话。父母可以靠近孩子，拥抱孩子。身体上的亲密接触具有
很好的安抚效果，可以使孩子的情绪缓和下来。

一点提示

　　孩子哭闹有可能是生理因素或病理因素，在排除这
些后，很可能就是出于心理因素。作为父母，要细心观
察孩子，耐心引导孩子，才能纠正孩子爱哭闹的行为。

如何让孩子学会分享

所谓分享，是指将自己喜爱的物品、美好的情感体验及劳动成果与他人共享，它是幼儿个体亲近群体，克服自我中心的有力手段。现在的孩子是家庭中众多成人关怀、照顾的对象，缺乏能与之分享物质和情感的对象，因此经常会呈现出"唯我独享"、以自我为中心的特征。

一天，妈妈到幼儿园去接3岁的瑶瑶，刚和老师说完再见，正要跟着妈妈离开的瑶瑶忽然像想起什么重要的事情一样，非要返回。原来瑶瑶是想到了自己最喜欢的一个小白兔毛绒玩具还放在分享室里，便非要带回家。幼儿园的老师对瑶瑶说："瑶瑶，放在这里的玩具，是小朋友们互相分享的，你今天不是也玩了皮皮最喜欢的奥特曼吗？你的小白兔也应该放在这里，明天和小朋友一起分享啊。"可瑶瑶却说什么都不同意，她哭着说："不行不行，不能把我的小兔子放在这里，他们会把我的小兔子弄脏，没准儿还会弄坏呢！"妈妈劝道："小朋友要懂得分享，总不能你玩了别人心爱的玩具，又不舍得把自己喜欢的玩具给别人玩吧？"可瑶瑶根本听不进去老师和妈妈的劝说，她紧紧地抱着自己的小兔子，就是不肯留在分享室。

　　其实，像瑶瑶这样的行为在幼龄的孩子中非常常见。某个幼儿园做过调查统计：在一个有幼儿23人的班里，拿到玩具自己玩，不愿给别人玩的孩子占68%；见到喜欢的玩具就要，不给就哭的孩子占26%；有争抢玩具行为的孩子占30%；想玩但是没达到目的就伤害别人（抓人、咬人）的孩子占21%。孩子不愿分享，是因为他们认为分享就是失去。父母应该理解孩子这种难以割舍的心情，应该让孩子知道自己在关心帮助别人后，别人也会以同样的关心和帮助回报自己。父母要通过现实中实际发生的情况让孩子知道，你与别人一起分享，别人下次有好吃的或好玩的东西时也会跟你一起吃、一起玩。

上个星期，辰辰爸爸出差回来，买了几个洋娃娃，其中有两个是要送给辰辰的两个小表妹的，可是辰辰却想全部占为己有。辰辰的妈妈好言相劝，可她就是不肯给。当时亲戚都在场，辰辰的妈妈感觉很尴尬，于是强硬地把洋娃娃从辰辰的手里夺过来，送给了小表妹。可从那以后，辰辰再也不肯跟她的两个小表妹玩了。

孩子有占有欲，不愿意分享，实际上是孩子成长阶段的一种正常心理，我们不能简单地把它视为自私自利，看成是思想品德有问题。3岁左右的孩子会产生明显的以自我为中心的意识，往往是从"我"出发，而不知道还有"你"，有"他"，因而导致了独占行为的发生。

孩子为什么会不爱分享，有独占意识呢？

首先，是因为父母的过分宠爱造成了孩子缺乏和别人分享食物、玩具的愉快体验，久而久之便形成了"唯我独尊"、独占一切的思想。

其次，随着家庭经济收入的普遍提高，育儿焦虑成为社会的普遍现象，一些父母不惜一切代价投资孩子的智力发展，而忽略了道德品质的培养。

再次，缺乏正确的引导。有些父母总怕孩子吃亏，无论什么事都把自己的孩子放在第一位。殊不知这样做只会不利于孩子的良好性格与品德的形成。

那么，作为父母应该怎样培养孩子的分享意识呢?

1. 培养孩子的谦让意识

应该让孩子从小懂得，大家在一起生活，他需要的别人同样也需要，每个人都有享受的权利，不能自己一人独占，要想着别

"都是我的！"

"不全是你的，每个人都有份。"

人。例如，吃东西时，让孩子学会主动把食物和其他人分享，让他明白自己不是家中的唯一。

2. 注重言传身教

模仿是孩子的天性，父母应该在日常生活中对孩子施以积极的影响。比如，带孩子坐公共汽车时，父母在车上看见年迈的老人和抱小孩的妇女，便主动起身让座。这虽然是生活中的小事，但在孩子幼小心灵中进一步培养了尊老爱幼和谦让的意识。

3. 让孩子学会谦让语言和动作

孩子年龄小，受语言能力和生活经验的局限，不能完整地表达谦让的意思。所以，父母应先讲明为什么要谦让，对什么样的事要谦让，然后通过游戏、行动等来创造场景，促使孩子学会谦让。

一点提示

每个人都有拒绝分享的权利，分享应该是自愿和快乐的，因为面子的问题而强迫孩子分享，只会适得其反，教孩子学会分享要循序渐进。

"

重视与孩子的情绪交流

婴儿的喜怒哀乐是以丰富多彩的表情变化来传递的，婴儿的情绪表达主要通过三种形式来实现：面部肌肉运动、声调变化和身体姿态。其中，人的心智发展规律决定了婴儿用得最多的方式是面部肌肉运动，比如，高兴、恼怒、惊恐等情绪都是通过面部表情的变化来传递的，声调和身体姿态处于辅助地位。

萌萌平时十分乖巧，让人喜爱，但她有一个让大家苦恼的特点——爱哭。她动不动就张嘴大哭，眼泪随时都能流出来。父母觉得孩子小时候都这样，随着年龄增长，情况会有所好转。可随着萌萌一天天长大，她依然如此，凡事都以哭解决。一旦听到小朋友说"我不跟你玩了"，她就会觉得自己不受欢迎，感到非常委屈，并立刻大哭起来。别人不小心碰到她，立刻道歉也没用，她还是会哭得稀里哗啦。幼儿园里分玩具玩时，因为没分到喜爱的芭比娃娃，她也会立刻眼泪汪汪的。萌萌随时都会为小事大哭，这耗尽了父母的耐心。在不断满足孩子需求的同时，妈妈也开始不耐烦地冲她喊："整天就知道哭，哭有什么用，别哭了！"

其实，萌萌的父母没有意识到，人类的基本情绪在孩子的生存和成长中起着十分重要的作用。情绪、语言、肢体动作等都是孩子进行交流的重要手段。

曾经有人将孩子因不同需求和情绪变化而发出的不同哭声录下来，并在不同时刻播放，其中包括因饥饿、疼痛、生气等发出的哭声，放给不知情的母亲听。当孩子的母亲听到这些哭声时，会表现出不同的反应。当听到孩子因疼痛而发出的哭声时，孩子的母亲都会冲进房间去看看自己的孩子到底怎么了，是不是发生了意外。而听到其他几种哭声时，就没有如此激烈的表现。由此可见，婴儿能够通过自己的哭声传递不同的情绪。母亲也能掌握孩子的沟通方式，从而及时获取信息，满足孩子的需求。

"到底为什么哭，你倒是说呀！这孩子真急人。"

　　婴儿有三种天生的情绪，这些情绪无需学习，即爱、怒和怕。具有正常情绪表达的婴儿对轻拍或轻抚等表达爱意的行为会产生一种放松的肌肉反应，比如常见的是手指和脚趾的舒展，或者发出哼哼的声音等。如果故意将婴儿的手脚固定或限制其自由活动，婴儿就会产生身体僵直、憋气、满脸通红的反应，或屏息、尖叫等，甚至会出现手脚胡乱踢打等反应，这是婴儿在表达怒意。听到刺耳或尖锐的声音时，婴儿会产生瞪大双眼或吃惊等反应，当突然失去身体支持时，婴儿会出现抖动、哭叫等，这是婴儿害怕时的反应。作为父母，这是必须要掌握的，因为这是了解孩子情绪的方法。

　　一个孩子的性情如何，很早就会表现出来。情绪作为性格结构的重要组成部分，许多性格特征，都和情绪有着密切关联。随着年龄增长，孩子经常处于一个特定的、不断重复强化的情绪状态。经常体验一种固定的情绪，这种情绪自然就会被训练成熟且固定下来，最终形成孩子特定的性格特征。这个过程大约需要5年，也就是说，孩子的情绪逐渐系统化和稳定下来是在5岁左右。如果在这个时期，周围的成年人尤其是父母能够经常关心、爱抚孩子，尊重孩子的行为和决定，使孩子经常处于一种充满安全感和信任感的家庭氛围中，将有助于促进其良好个性的形成。

如果父母经常要求孩子帮助别人，关心生病的小朋友，规范自己的行为，学会谦让等，孩子就能逐渐形成稳定且自然的同理心和关心、体贴他人的习惯。久而久之，这种情感会融入孩子一生的个性与行为习惯中。就像萌萌哭闹的原因对成年人来说都是一些微不足道的小事，但是对未经世事的孩子而言，这是很重要的事，哭是孩子解决问题的一种途径和与周围一切沟通的方式，父母不可不察。

此外，情绪对人有着极大的影响力，不仅会影响孩子的心理健康，还会影响他们的生理健康。在孩子发育早期，如果被剥夺了正常体验情绪的机会，孩子的身心健康就会受到严重影响。孩子虽小，但也是独立的个体，也有自己的情绪和需求。

"弟弟摔倒了，快去把他扶起来。"

父母如果不理解孩子，使之长期处于情绪被剥夺和忽视、缺乏父母关爱的负面环境中，会抑制孩子脑垂体分泌激素，继而导致孩子成长缓慢、身材瘦小等。严重的还会导致孩子人际交往能力受到限制，变得沉默寡言，无精打采，难以被集体接受。

一点提示

在孩子生长发育的过程中，父母一定要负起责任，给予孩子适当的关爱和情绪训练，让孩子有一个良好的成长环境。

怎样帮孩子克服害羞胆怯

很多孩子在外面碰到陌生人时，都会有害羞、胆怯的表现。孩子平常见到除家人外的人时，总是低着头不打招呼；或者在参加聚会时，羞答答地躲在妈妈怀里，不愿意露面；有人跟孩子说话，他也没有参与的愿望，只想待在妈妈怀里，不愿意交谈并且拒绝尝试新鲜事物……每当妈妈们谈起自家害羞的孩子时，充满了无奈。

六一儿童节到了，学校组织了盛大的联欢会，许多小朋友都纷纷登台表现，他们每个人都表现得落落大方。只有小班的小朋友乐乐总是不肯融入其中，一直躲在妈妈怀里，什么节目也没有参与。乐乐妈妈觉得自己很没面子，也为自己的孩子着急。

联欢会接近尾声了，乐乐妈妈迫不及待地找到老师问道："怎么没有给我们家乐乐安排节目哇？可别把孩子落下啦！"老师也有苦衷，为难地说："不是我们不安排。我们会关注到每一个孩子的诉求，但无论我们怎么费尽口舌劝说，乐乐就是不想参加任何一个节目。就算多人参与的大合唱，她都明确表示不参加，我们能有什么办法？"听到老师这么说，乐乐妈妈沉默了下来。

老师还告诉乐乐妈妈，其实乐乐在幼儿园的表现非常棒，也很乖，就是特别害羞，不仅不参与班级的集体活动，也不和小朋友一起玩耍，经常见她一个人躲在角落里，不哭不闹，就这样静静地待着。

"怎么会这样呢？"妈妈疑惑地自言自语道，"可我家女儿在家里不这样啊！唱歌、跳舞、讲故事，哪一样都不比台上那些小朋友差。"乐乐妈妈的语气中透着一丝焦虑。

"也许是环境的变换，造成乐乐的陌生感比较强吧，或者在不熟悉的人面前，孩子表现得比较害羞。"老师也别无他法，只能赶紧安慰乐乐妈妈，"长大了也许就好了。"

"乐乐在家里还挺喜欢唱歌、跳舞的呀！"

"也许是乐乐比较害羞吧！"

乐乐妈妈可等不及了，转头略带责备地问乐乐："乐乐，你说说为什么从不参与小朋友们之间的活动？"

乐乐说："我怕说错了或者表演得不好。"

乐乐妈妈这才恍然大悟：原来孩子会害羞的原因是胆子小。

值得注意的是，害羞其实是一种普遍的情绪，跟其他性格特征一样，害羞也有遗传基因的影响。然而，科学研究发现，只要适当地教育和引导，害羞其实是可以改变的。害羞的孩子经过正确教育和引导，能够从根本上改变自我，成为一个热情大方的孩子。

那么，怎样才能改变孩子已经存在的害羞的性格呢？正如乐乐妈妈所总结的那样，孩子的羞怯感其实就是胆小的一种外在表现。因为胆小害怕，孩子无法勇敢地迈出表达自己的第一步，不敢轻易与其他小朋友交往，更别提面对陌生人了。

因此，要想改变孩子的羞怯心理，关键在于培养孩子的胆量和自信心。

胆量和自信都是环境的产物，可以通过一定的后天锻炼得到有效提升，父母也要有意识地为孩子创造有利条件，让孩子多一些表现自我的机会。在孩子小的时候，就要带他们多到外面走走，多接触同龄小朋友和陌生人，这样他们才能习惯陌生环境，不会轻易被吸引注意力。

对于天生胆小、羞怯的孩子，父母要有足够的耐心，多鼓励，不能严厉批评他们。因为这类孩子自尊心强，又比较敏感，过多的指责和批评会让他们产生畏惧感，甚至产生逆反心理。比如，有的父母希望孩子做一个懂礼貌的好孩子，却通过不恰当的方式，强迫孩子和自己的同事打招呼，如果孩子并不愿意这么做，父母就觉得孩子不给自己面子，并当众批评和指责孩子。这种情况下，父母犯了一个教育大忌：对孩子的教育应从孩子本身出发，而不是以父母为中心，否则往往会让孩子觉得不被尊重，并且孩子一旦被父母强行贴上"害羞"的标签，他们心中就会形成这样的自我判断，这种心理阴影也将久久挥之不去。

一点提示

父母要坚信害羞的性格一定能够通过科学的方法予以改变，每个孩子都可以变得自信开朗。

"

孩子不爱上幼儿园怎么办

我们经常看到在去幼儿园的路上，孩子哭闹不止，父母们连哄带劝，可似乎并不奏效，最终只好把孩子拖进幼儿园。

美美就要上幼儿园了，她非常兴奋。终于，入园的日子到了，美美一早就兴奋地摸摸她的新书包，同时忙着检查她自己精心挑选的有小兔子图案的文具用品。可是她兴奋的情绪不知为何突然低落了下来，美美抬起头对妈妈说："妈妈，学校里的老师要是不喜欢我，怎么办？如果幼儿园里的小朋友都不想跟我做朋友，怎么办？如果上课时老师要我们画画、唱歌，我都不会，又该怎么办？"刚才还兴奋异常的孩子突然抛出一连串的"怎么办"，把内心的不安说了出来。美美的泪水充盈了整个眼眶，仿佛这些都已经发生了似的。

妈妈对自己的孩子太了解了，她知道美美在家活蹦乱跳，在外却是什么都怕，更清楚负面思考所引发的一连串负面情绪。于是，妈妈抱起美美，擦干她的眼泪说："宝贝，来，我们现在要玩一个快乐的游戏，把你刚才'怎么办'的问题，都转化为让人高兴和愉快的现实，怎么样？"美美一脸不信，但也抱有一丝好奇。

"想想看，我们不如把问题改一下：如果我像在家里一样，努力做个乖孩子，那么有可能所有的老师都喜欢我，所有的小朋友都想跟我分享玩具、一起玩游戏，这是多么让人向往的事呀！"

美美想了想，仍有些担心，不太确定地说："学校的老师会喜欢我？"妈妈说："嗯。这很有可能哟。不过，只要美美表现得好，谁会不喜欢美美呢？"

美美受到启示，高兴地说："我还会交到几个可以一起玩游戏、画画、讲故事的好朋友。讲故事我最拿手，我可以教他们。"说着，美美的眼睛里重新闪着兴奋的光彩，开始滔滔不绝地描绘她想象中的快乐的学校生活，将刚才的担心抛到九霄云外了。妈妈也轻轻舒了一口气，她庆幸自己平时在孩子教育上下

"幼儿园有好多小朋友等着我呢！"

了工夫，从而知道正面思考的重要性。正面思考不仅能培养孩子正面的情绪，更和自信与独立思考能力的养成有密不可分的关系。

其实，父母难免会碰到孩子不愿意去幼儿园的情况。这种情况的发生有以下几种因素：

1. 认知与行为能力有所欠缺

孩子年纪太小，其认知能力、学习能力尚在不断成长中，没有足够的自制力，还无法适应幼儿园要求守规矩、守秩序、一个口令一个动作的集体生活和纪律约束。

2. 天生害羞

孩子生性害羞内向，遇事不知如何处理，这样就需要更长的适应期才能习惯集体生活。

3. 在幼儿园遇到麻烦

孩子在幼儿园遇到困难，比如被老师批评，和小朋友闹矛盾，不知如何面对，只好找借口来逃避上学。

无论是哪种原因，都不能让孩子长期处于这样的情绪之中，父母要及早发现问题，与孩子共同面对和克服困难，帮助孩子尽快融入集体。具体可采取以下措施：

1. 耐心等待孩子长大

孩子处于身心发展不成熟的阶段，会以尖叫、哭泣的形式来表达他的害怕与抗拒。这种情况下，应耐心等待，坚信孩子一定会成长起来，等孩子的认知与自制力都能适应集体生活时，再慢慢让他接触集体生活。

2. 正确引导孩子

当孩子在幼儿园遇到困难时，如果无法自我调节，就会找借口来逃避，一般的孩子会把头痛、胃痛等当作挡箭牌，借此来逃避应该面对的困扰。如果出现这种状况，父母必须马上了解孩子的心理状况，及时解决问题，对孩子进行情绪疏导。

3. 改变孩子的思考模式

父母也可以采用魔法小故事中的快乐游戏的方法，用快乐的思考模式来改变孩子负面思考的模式，以帮助其克服紧张、焦虑的情绪。

一点提示

孩子不愿上学时，往往会找很多理由，如身体不舒服等，父母这时不要急于揭穿孩子，要耐心地了解问题出现的原因，再有针对性地进行解决。

中 篇

儿童叛逆期的
正面管教

第一章

抓住孩子性格养成的关键期

让孩子做一个坚强的人

心理学研究指出，坚强的性格有利于让人更积极地活动，从而在学习、工作中能高效率地处理事情。

为了让孩子拥有坚强的意志、美好的心灵和活泼开朗的性格，父母应重视对孩子优秀品质的培养，让孩子从小得到锻炼。意志力、自信心的强弱会体现出孩子所受的不同教育。有的孩子什么事情都愿意亲自试一下，有一股冲劲儿，不害怕困难。也有的孩子胆小怕事，害怕见到陌生人，什么都不敢尝试，父母一说就哭，生活自理能力较差。

那么该怎么培养孩子坚强的性格呢？父母不妨试试以下方法：

1. 让孩子拥有独当一面的机会

让孩子独自做一件事情，例如跟陌生人谈话，自己解决与小朋友之间的事情，自己完成作业等，即便孩子碰到困难，父母也不要替孩子做。因为越困难的事情，解决后的喜悦越强烈，这样能增强孩子的自信心，让孩子的性格变得坚强。

2. 点滴付出，磨炼孩子的意志

事情都是一点一滴积累起来的。从点滴做起，坚持不懈，能够磨炼孩子的意志。很多事业成功的人，都是从无数件小事的成功上做起的。以工作精确、细致著称的著名科学家巴甫洛夫，能写一手工整的字。原来在年少时，工工整整地书写就是他磨炼意志的第一步。

高尔基曾说："哪怕是对自己的一点小小的克制，也会使人变得强而有力。"所以，要想磨炼孩子的意志，要从点滴做起，从小事做起。培养坚强的意志，要从小到大、从易到难、从低到高地锻炼孩子。当一个意志坚强的孩子站在你面前时，他就能面对生活中的挫折了。

3. 劳其筋骨，增益其所不能

"劳其筋骨"作为磨炼意志的一种方法，大家早已耳熟能详。完成艰苦的工作，能让孩子变得坚强。让孩子去做的工作很多，但不可盲目选择，要以安全为前提，不能和实际分离。要教育孩子明确目标，选择最佳的方式克服困难，完成自己的目标。

4. 相信和尊重孩子

通过让孩子承担责任提高孩子的自我要求能力和意志力。心理学研究发现，让孩子担任一定角色，他的性格也可能朝这个方向变化。如某个小朋友不注意个人卫生，让他当个卫生员，他便开始注意自己的卫生了，而且在其他方面也有很大的进步。这个例子说明孩子的性格会受大人期望值的影响，因此，每一个父母都应相信和尊重自己的孩子。

"这孩子真勇敢。"
"她一直是个勇敢的孩子。"

5. 让孩子保持健康的身体

体弱多病的孩子容易害怕很多事物，不能积极对人对事，难以形成坚强的性格。相反，如果孩子有较好的身体素质，勇气与信心同在，就容易形成坚强的性格。

6. 让孩子拥有良好的品德

大家都尊重品德良好的人，每一个孩子都渴望成为一个拥有良好品德的人。人的各种心理品质是相互影响的，培养各种积极的良好品德，是坚强性格不可缺少的因素。

7. 告诉孩子不要轻易哭泣

父母应在孩子快要哭的时候给予鼓励，利用好孩子的好强心理，假如孩子真的不哭了，那么就要让这种效果得到增强。如有些孩子因排斥去幼儿园哭泣，那么父母一方面要调整孩子的这种心理，另外要告诉孩子"勇敢的孩子是不会哭的"，如果孩子不哭了，要给予适当的奖励，这样，孩子的性格就会变得坚强起来。

8. 不要有性别偏见

很多父母都觉得，女孩子不应该玩冲锋枪玩具，男孩子不应该玩布娃娃，认为女孩子天生就应温柔内敛，男孩子生来就应该舞刀弄枪。这种狭隘的观念对孩子的健康发展不利，会导致女孩子的独立性和自信心逐渐消失，男孩子也会缺少细腻和敏感。

9.耐心对待孩子

父母一定要有耐心，让孩子渐渐学着亲自尝试，独立成长，绝对不能心急，任何事都替孩子做，这样只会牵绊孩子的成长。

一点提示

坚强的性格对孩子的成长非常重要，所以父母在提高孩子素质时，一定要重视这方面的培养。当一个复杂问题需要人们做出果断的决定时，沉得住气，冷静分析的人往往都是性格坚强者。

,,

鼓励孩子对自己负责

父母在教育孩子的同时，一定要让孩子明白：每个人都应该为自己的行为负责，无论好坏，都要承担其后果。不论孩子有什么过失，只要他有一定的能力，就应当让他承担责任。

一位法国妈妈带着7岁的儿子到一个中国朋友的家里做客。

这位中国的女主人对外国友人的到来非常重视，特地学习了西餐的做法。她对法国母子说："今天我做西餐给你们吃，你们尝尝中国人做的西餐味道好不好。"

小男孩听女主人要给他们做西餐，心想：中国人做西餐肯定不好吃。于是，当女主人问他吃不吃的时候，小男孩坚定地回答："我不吃。"

等女主人把西餐端上来的时候，小男孩被眼前的汉堡吸引住了。这么好看的汉堡，味道肯定很好！小男孩有点迫不及待地对妈妈说："妈妈，我要吃汉堡。"

女主人很高兴小男孩能够喜欢自己做的食物，就高兴地把汉堡端到小男孩面前，说："来，宝贝，吃吧！"

谁料，小男孩的妈妈严肃地对他说："不行，你说过不吃，你得为自己说过的话负责，今天你不能吃汉堡！"

小男孩着急地哭起来："妈妈，我要吃汉堡！"但是，小男孩的妈妈根本不为所动，只是对儿子淡淡地说："你得为自己说过的话负责。"

女主人觉得小男孩的妈妈也太较真了，就说："给他吃吧，孩子总是这样的。"

小男孩的妈妈正色对女主人说："亲爱的，我们要培养孩子的责任心。"

最终，无论男孩怎样哭闹，妈妈就是不同意让他吃汉堡。

事实确实如此，只有让孩子懂得自己的行为将会产生什么后果，他才会对自己的行为负责任。

"我要吃汉堡。"

"来，宝贝，吃吧！"

"刚才你说了不吃，就不能吃，要对自己的话负责。"

在现实生活中，父母要试着把应该由孩子承担的责任，让孩子自己承担。比如，当孩子惹了麻烦的时候，父母应该说："这是你自己选择的，你想想为什么会这样。"而不要对孩子说："不怪你，是爸爸没能力帮助你。"虽然只是一句话，却反映出了观念的不同。如果你无意中帮助孩子推卸了责任，孩子将会认为自己无须承担责任，这对他以后的人生道路是很不利的。

"妈妈洗，你快去学习。"

"小强已经长大了，自己踢球弄脏的衣服可以自己洗啦。"

父母培养孩子勇于承担责任的好习惯需要注意以下几个方面。

1. 听取孩子对家庭生活的建议

父母可以适当地与孩子谈谈家里的花销及财务安排，并请孩子谈谈自己的看法，或者请孩子出主意想办法。当父母经常聆听他们的意见，并采纳他们有价值的建议的时候，孩子就会在心中产生对家庭的责任感。

2.不要鼓励孩子告状

如果孩子常在父母面前说别人如何如何，那么，他就是在学着怪罪别人。父母要是听信孩子的告状，就等于是对他们说："妈妈会帮你处理这些事情。妈妈知道你还太小，应付不了这些。所以可以告诉妈妈，让妈妈帮你处理。"这种态度对孩子的成长很不利。一般来说，面对孩子的告状，妈妈应该说出自己的想法："我不喜欢你打别人的小报告。"当然，父母必须要具体情况具体分析。如果别的小孩正在做比较危险的事情，孩子跑过来告诉你，你肯定要重视。

3.让孩子心中有爱，关心他人，善待他人

父母要培养孩子对社会的责任心，应该要求孩子主动关心他人。父母生病的时候，让孩子学会照顾父母。让孩子知道父母的生日，鼓励孩子给父母送上一份生日礼物。

4. 让孩子做力所能及的家务劳动

很多父母出于对孩子的爱护，总是不舍得占用孩子的时间和精力，不舍得让孩子干一点儿家务。不仅如此，有的父母甚至把孩子一切的生活琐事事无巨细地全部揽在自己身上，自己就像是孩子的后勤部长一样。其实，这样做对孩子的成长而言是有百害而无一利的。国家教育部门已经把各年龄段的孩子所应当从事的家务劳动和实践活动做了明确规定，比如做饭、使用家电、种植植物等，这是对孩子很好的锻炼，十分有利于孩子的成长。作为父母，则应该放手让孩子做力所能及的家务，把对孩子的要求具体化，把每件要求孩子做的事情交代清楚，保证孩子能完全理解。父母应耐心指导孩子做家务，以鼓励、表扬、奖励等方式对孩子进行积极的反馈。

一点提示

孩子的责任心对于孩子日后的成长至关重要，而责任心的培养需要从小开始，从小事开始。拥有很强的责任心，是一个孩子奔向成功彼岸的开始。

细心呵护孩子的自尊心

自尊心是人格当中一个很重要的方面。历史上的成功人物虽然都有不同的个性，不过分析其共同点，会发现他们大多自尊意识较强。因此，孩子的自尊心必须得到周全的保护。但是，父母有时却会在无意间中伤害孩子的自尊心。

豆豆天生五音不全，他的歌声就像锯木头的声音。有一次，班里要举行唱歌比赛，他在家里练习。母亲很不耐烦地说："你这是唱歌吗？这简直就是在制造噪音！"虽然妈妈是无意中说出来的，不过这句话彻底让豆豆放弃了唱歌，而且开始害怕上学。

上面的情况也许在现实中时有发生，父母往往在刺伤了孩子的自尊心时还浑然不觉。还有一种情况，那就是父母总是觉得孩子还小，什么事情都帮他做决定。常见的就是同学来找孩子玩，母亲擅自做主说："他要看书，不去。"从来不考虑孩子的意愿。

小孩子也有自己的面子，母亲的行为会让孩子在同学面前彻底颜面扫地。孩子进入校园后，就开始有自己的社交圈子了。在自己的世界里，我们都是独立的，孩子也不例外。为了让自己有

面子，孩子有时会故意不听话。母亲在孩子的朋友面前对孩子颐指气使，无异于给孩子传递他还没有独立的信息。如果同学们发现某人没有自主权，就会渐渐疏远他，不再接受他。这对孩子未来的发展影响不好。不过，父母一般都意识不到孩子的这种行为，这样会让父母和孩子产生隔阂。

孩子虽然年龄小，但是也有自尊心，需要得到父母的尊重。孩子一旦到一定年龄，就会开始想要独立，特别是上了中学后，独立的概念会出现在孩子的大脑中，对社会事件也开始有自己的判断标准。对于孩子的想法，只要不触犯原则问题，父母就应该尊重。

孩子都是充满好奇心的，认为大人的世界都是新鲜的。有时候爸爸不在的时候，孩子会偷偷拿他的钢笔做功课；或许妈妈不在的时候，会偷偷穿妈妈的高跟鞋。一旦发生这些事，父母的头脑里就会产生条件反射：只要有东西找不到了，那就一定是孩子拿了。

如果孩子说没拿，父母反而会觉得是孩子在说谎，这在一定程度上伤害了孩子的自尊心，会让孩子觉得非常委屈。不过父母却注意不到这种情况，更不可能感到孩子的痛苦和伤心，甚至还以为自己是正确的。过了几天，自己无意间在另一个地方发现了要找的东西，才突然明白是自己错了。

"充电器哪去了？一定又是强强拿去玩了。"

"我根本就没动过。"

这样的情况，在很多家庭中都常常发生，但都被父母忽略了。这种无意的举动，不仅会伤害孩子幼小的心灵，更会让父母和孩子产生隔阂。因此，父母一定要学会尊重孩子的自尊心。

又如，孩子做题的时候稍一马虎，在考试中就会出现低级的错误。妈妈看到孩子连如此简单的试题都答错了，会感到极度的失望，可能会说："你脑子里到底装的什么东西，这么简单的题都做错！"有时为了让孩子受到刺激，还故意辱骂说："你真是白长这么大了，还不如小学一年级的学生呢！"

当然，这些话是为了让孩子反省，从而产生奋起直追的决心。不过，这些话对孩子很难起到有利的效果，最多只能是刺痛他一下，不能使他认识到自己的不足。

每个孩子都希望得到父母的夸奖，希望父母觉得自己是有所作为的人。当父母责骂"你真是笨死了"，其实是在说"你真不是学习的料"，这只会让孩子失去信心。当有人责骂孩子"你真的无药可救"时，作为父母应该第一时间站出来鼓励、支持自己的孩子："爸爸妈妈相信你，只要你努力了就一定可以的。"而且事实也是如此，只要父母永远相信孩子的能力，对孩子不断进行支持和鼓励，孩子就会越来越优秀，不要低估鼓励的力量。

但是，假如父母否定孩子，孩子便会真的开始怀疑自己的能力，最后会变得没有信心，什么事都做不好。

一点提示

父母应该看到孩子的长处并予以肯定，孩子听到激励他们的话语，内心会形成良性的自我意识，慢慢地，自信心也会越来越强大。

"

让孩子变得大方开朗

能在公共场合表情自然、自信大方地展现自我的孩子，总会引来人们的羡慕。羡慕之余，父母还会从内心深处为自己孩子的内向而着急，为孩子未来的交往能力担忧。不过只是着急是没用的，作为父母，必须真正行动起来努力改变这个情况，让自己的孩子变得大方起来，让孩子变成一个外向开朗的孩子。父母具体应该怎样做呢？

1. 注重对孩子语言表达能力的培养

父母可以通过给孩子讲故事的方法让孩子喜欢沟通，在讲故事的过程中，如果孩子有问题，要对孩子喜欢问问题的习惯给予肯定和表扬。帮孩子养成记日记的好习惯，父母可以先启发孩子对当天或前一天的生活进行回顾，然后回忆自己感受最深的事情，自由发挥，将自己的快乐或伤悲表现出来，也可以让孩子表述，然后父母记录。当孩子说的时候，父母予以纠正，适时引导，帮助孩子丰富词汇。这样，积累的词汇多了，孩子说话时的语言自然就变得丰富而充满内涵。

2. 为孩子创造锻炼的机会

有一年，将将和妈妈在外婆家过中秋节。一大家人欢聚一堂，气氛十分热闹。晚饭后，妈妈提议举办"中秋家宴文艺演出"，得到了大家的支持。"有谁愿意做主持人呢？"妈妈问。"我！"将将的表姐大喊着。将将抬头看了看，很是期待却没有勇气站出来。

妈妈觉得应该为将将提供这个机会。她知道将将很希望自己成为一名小主持人，于是故意说："嗯，姐姐是女主持人的不错人选，那男主持人由谁来充当呢？"

"我！"将将见还有机会，立刻精神了。

在姐弟俩的主持下，节目开始了。

"首先，弟弟要为我们讲一个故事，大家欢迎。"将将神采奕奕地说。

"首先，弟弟给大家讲故事，大家欢迎！"

"大家欢迎将将为大家唱歌。"在大家的鼓励下，将将由主持人又变成了歌手。从此，将将也变勇敢了，在众人面前说话也变得落落大方了。

上面的例子让我们知道，当一个孩子内向，不愿意在众人面前展示自己的时候，父母就要主动为孩子创造锻炼的机会。

3. 及时对孩子予以肯定并奖励孩子

喜欢看书的小诗才7岁就能独自看大部头的世界名著了。聪明伶俐的她得到了老师的喜爱，老师总是称赞她学东西特别快。不过，小诗性格内向，不愿意在众人面前表现自己。比如老师让她上台领操，她摇头表示不肯，但这是很多小朋友求之不得的事儿。再比如她很擅长讲故事，妈妈让她给爷爷奶奶讲个故事听听，她也是拒绝，就算是讲，也是断断续续，扭扭捏捏的。

事实表明，优缺点是每个孩子都具有的，父母不能总是把孩子的缺点挂在嘴边，这样无意中会强化孩子的缺点。父母应当用很轻松的语气告诉孩子，如果他能够表现得大方得体，那么父母会奖励他喜欢的东西。如果他做到了，要及时予以他肯定和表扬。

4. 充分利用生活实践锻炼孩子

很多孩子在家能侃侃而谈，不过到了外面，就变得害羞、胆小，不敢表达自己的观点。父母每天应尽量抽空带孩子走到户外，鼓励孩子多和陌生人交流，以便培养孩子的交际能力，让孩子在与小朋友玩耍的过程中消除胆小的心理。玩的过程也是交往的过程，同时，玩得开心会让孩子慢慢变得喜欢跟别人交流。

父母要了解孩子具有的能力，给孩子布置适度的任务，让他们做自己力所能及的事。如特意创造机会，将向邻居或周围的人借东西、送物品这种事情让孩子去做。在与邻居、陌生人来往的过程中，孩子会得到与人交往的锻炼，有利于他语言表达能力的提高。

5. 积极给孩子创设做客的氛围

父母带孩子一起去做客，有利于孩子的成长。在去做客之前，告诉孩子要到哪去，对方的基本家庭情况等，让孩子心里有数，缓解孩子怕生的心理压力，同时让孩子产生想去做客的欲望。例如"今天我们要去的阿姨家，有很多好玩儿的玩具，还有一个漂亮的姐姐，姐姐和阿姨都知道宝宝很可爱，而且有礼貌，会很喜欢宝宝的"，从而让孩子的自信心在这种条件下增强。

"今天拜访的张阿姨家，有一个小姐姐，和你一样喜欢弹钢琴。"

"太好啦，我们都喜欢钢琴。"

同时，及时表扬、鼓励孩子是父母必做的功课。在孩子跟陌生人接触的过程中，对孩子的表现予以关注，并对孩子的每一次进步给予真挚的肯定和鼓励。如温柔地表扬"今天宝宝的表现好棒哟！能够主动跟叔叔阿姨打招呼，他们都夸你呢。父母真替你感到高兴"。有时，也可以将图书、食物或小玩具等作为奖励，让孩子感受到成长和进步。

一点提示

父母只要给孩子机会，用心浇灌，并持之以恒，孩子就一定会有进步。

"

妈妈给你报名参加电视台的表演好不好？

不好，我害怕。

让更多的观众看到你优美的舞姿不好吗？

那我试一试吧。

第二章

好好说话，把话说到孩子心里去

给孩子袒露心声的机会

每个孩子都渴望有人能听自己说话，在大多数的情况下，如果孩子与父母不能有效沟通，那很可能是因为每个人都在说话而没有人倾听。如果父母能多尊重孩子的说话权，多给孩子一些袒露心声的机会，对孩子的倾诉多一点耐心，不急于打断孩子的话，那么孩子遇到事情时就会乐于向父母倾诉，同时与父母建立良好的沟通关系。

露露是小学四年级的学生，最近，张老师发现原本活泼开朗的露露变了。

露露以前爱说爱笑，上课积极发言，现在却变得沉默寡言，总是一个人发呆，学习成绩也下降了。经过细心的了解，老师终于知道了露露不爱说话的原因。

露露以前很活泼，每天放学后，都会把学校里发生的趣事说给妈妈听，可露露的妈妈是个对孩子要求非常严格的人，她几乎把全部希望都寄托在露露身上，希望露露将来能考上一所好大学，出人头地。也正是这个原因让妈妈对露露的学习抓得特别紧。妈妈觉得露露说的这些事都没用，简直就是在浪费时间，所以每当露露正说得高兴的时候，妈妈总是会不耐烦地打断她：

"整天只会说些废话，这些话一点用也没有！你把这心思放在学习上多好，快去做作业！"

"妈妈，我跟您讲个好笑的事，我们班……"

"不要说废话了，快去写作业！"

最近一次露露说班里发生的一件事，正说得兴高采烈时，妈妈忽然凶巴巴地说："说了你多少次了，让你别说这些废话，你还说，如果你以后再记不住，看我不罚你！"吓得露露一个字也不敢多说，灰溜溜地逃回了自己的房间。

后来，露露在家里话越来越少了，每天放学都闷在自己的房间里。加上妈妈也不让她出去玩，渐渐地，露露的性格也就变了。

从露露的情况来看，亲子之间的沟通是影响亲子关系和塑造孩子性格的重要方面。许多父母都忽视了与孩子的交流，不重视倾听孩子的想法。也许短时间内，父母还会沾沾自喜，认为孩子变得乖巧听话了，但是时间久了，对孩子产生的不良影响就会表现出来。

父母不让孩子把话说完，一方面不利于孩子语言表达能力的发展，另一方面也使孩子产生自卑情绪。让孩子对父母诉说内心的感受，是提高语言表达能力、增强社会交往能力的极佳机会。

如果你发现自己与孩子不能进行良好的沟通，那么请你看一下自己是否有以下的行为。

不注意孩子倾诉的需求。当孩子有话与你说时，你总是以忙为由，不去倾听。孩子兴致勃勃地诉说时，你经常不耐烦地将其打断。

现实中，大多数父母在生活上都对孩子十分关爱，可是在真正平等地对待孩子、尊重孩子等方面做得却很不够。当孩子学习和生活上遇到什么问题向父母诉说时，可能被强行打断，有的时候还可能会换来一顿责骂。面对拥有强权作风的父母，孩子们只能把话咽回去。那么父母在与孩子的交流中，应该注意些什么呢？

1. 让孩子拥有说话的权利

如果孩子的说话权得不到父母的尊重，久而久之，孩子就会对父母产生抵触情绪，以至双方相互不信任，沟通困难。一旦孩子的想法得不到父母的重视，他就会把自己的秘密埋在心里，父母也就很难再有机会知道孩子的所思所想，这样教育孩子的时候也会感到无所适从。

2. 对孩子表达的内容表现出足够的兴趣

当孩子说话时，父母一定要温和地注视着孩子，表现出你倾听的兴趣，不要随意插嘴，让孩子能够完整地发表他的观点。如果你在某一重要原则上不同意他的看法，应该明确地告诉孩子你不同意他的什么观点，并说出理由。此外在提出反对意见时要注意态度，不要过于武断，也不应该否定一切。即使孩子是在胡说八道，也要控制自己的脾气，不能妄下定论，直到确定自己完全理解清楚后再说出自己的看法。

"爸爸，最近班级里发生了一件好玩的事儿。"

"爸爸正在开车，不能认真听你讲。回家后讲给爸爸听好不好？"

3. 增加与孩子交流的机会

父母应该尽可能多地与孩子交流，而且应该试着用不同的方法使孩子愿意跟父母交流。父母在倾听孩子说话时，应该更加富有同理心和耐心，应该努力尊重孩子，从孩子的角度分析问题和解决问题，这样才能营造出更加友好的交流氛围。

4. 学会正确倾听

父母应该学会正确倾听，在听的过程中不打岔、不否定，以便孩子可以畅所欲言，也便于了解孩子的内心世界，并在此基础上创造出更多与孩子交流的机会。

每个孩子都有自己的想法，需要父母来倾听。父母只有尊重孩子说话的权利，积极做会倾听的父母，才能够有机会了解孩子的想法和感受，亲子之间才能良好沟通，并建立和谐的亲子关系。

一点提示

在孩子想对父母畅所欲言时，父母一定要给予孩子充分的机会表达自己内心的真实想法，不要忽视或斥责孩子，孩子一旦封闭自己的内心，父母再想走进，就难上加难了。

让孩子善于主动表达

　　不肯主动表达的孩子一般性格比较内向，平时少言寡语，不轻易向别人吐露情绪。然而，这些孩子内心里又强烈地渴望得到他人的理解和关心。所以，父母应该主动了解孩子的内心状态，和孩子进行深入地沟通。千万不要用粗鲁、蛮横的态度对待孩子，要让孩子主动说出真实的想法和感受。父母需要做的就是耐心对待孩子。

　　这个年龄的孩子人际交往能力不佳，一般有以下几种因素：一是语言表达能力欠佳，不知如何表达自己的意思，或担心表达不好被人嘲笑，于是更胆小；二是由于交友受挫，导致害怕与人交往；三是没有交友的动机，不觉得交朋友有何好处，觉得自己一个人也可以玩，不喜欢与其他小朋友玩。就外界因素而言，则存在以下情况：楼房代替了四合院，邻里之间不相往来；父母怕孩子遇到危险，不让孩子出去玩；保姆代替了父母的劳动，却弥补不了父母的情感，造成孩子的情感缺失等。

　　小华父母以前的工作单位比较特殊，和外界接触较少。单位里没有和小华同龄的孩子，小华从小便是由保姆照顾。保姆不太爱说话，慢慢地小华就学会了独自在家里玩，很少出去。由于妈妈和爸爸的工作都挺忙，平时也很少和别的孩子在一起，家里也很少有其他人来做客，小华变得越来越怕生，不合群。小华的父母意识到这种情况后，一步步指导孩子和别人交往。他们请同事、邻居家的小朋友来玩，父母在旁边加以引导，教给他一些常用的社会交往方法，如让小华和小朋友一起玩玩具，和小朋友做合作游戏等，还带小华到人多的地方，鼓励、指导孩子多和其他陌生的小朋友主动问好、说话、玩耍，不要怕生羞怯。每天去学校之前，鼓励小华在学校里多交朋友，回家之后询问小华的进展。刚开始的时候，帮孩子出谋划策，小华每交到一个新朋友，父母都表示由衷的高兴，并给予表扬。最终，小华克服了怕生的心理。

"这个游戏别的小朋友也一定喜欢玩，叫上别的小朋友一起玩怎么样？"

"好呀！"

　　像小华这样的情况，不爱表达显然是由于家庭环境造成的怕生心理导致的。怕生这种现象，在孩子4个月大的时候就开始出现了。孩子2岁以后，他的社会需求开始增加，开始期望与别人交往，特别是与相同年龄的小朋友一起玩。所以一般来说，两三岁的孩子即使刚见到陌生人时会有些不自在，但过不了多久，他就会与他们玩得很熟了。但是有些孩子却不同，他们即使到了六七岁，甚至更大一些，还是一见到陌生人、一到了新环境就会局促不安，不敢说话，参加活动时也会畏缩不前。如果这种怕生的现象持续时间过长，不仅会影响孩子与他人的交往，也会使孩子失去许多学习和尝试新事物的机会，甚至会影响孩子以后的生活。

"哎呀，小美长这么大啦！"

妈妈，家里来了陌生阿姨，我害怕。

宝贝，那是妈妈的好朋友，她很喜欢你，下次你要主动问好。

　　同时，随着人们的物质生活水平的不断提高，许多孩子都拥有属于自己的独立空间。因此，许多孩子养成了喜欢独自待在自己的小屋里的习惯。但是，令人担心的是，因为拥有了属于自己的独立空间，许多孩子有了封闭的倾向，不肯主动与人沟通，很难向别人吐露心声。

　　一位母亲忧心忡忡地说："我家孩子上小学时就拥有了自己的房间。但随着年龄的增长，孩子越来越喜欢一回家就关上房间门，而且还把门反锁上。我们给了孩子独处的空间，但是孩子和我们越来越疏远，我该怎么办？"

　　怎样纠正孩子不肯主动讲话的习惯呢？

1. 找准孩子不肯讲话的原因，对症下药

一些心理专家认为，造成孩子不肯主动讲话的原因主要有这样几个方面：天生性格孤僻，喜欢独处，不愿与人交往；父母和孩子之间存在着观念上的巨大差异，也就是通常所说的"代沟"；父母经常看不惯孩子的言行，动不动就干涉，孩子很反感，因而用沉默表示反抗；学业竞争压力大，紧张地学习之后，需要独处，自我调整，而不愿说过多的话。因此，父母应该仔细了解孩子的内心状态，和孩子进行深入地沟通，千万不要用粗鲁、蛮横的态度对待孩子，让孩子主动说出内心真实的想法和感受。

2. 为孩子挑选一些特别有趣的玩具

许多惯性玩具和声控玩具可以改变孩子过分内向的性格。这些玩具需要和他人共同操作，一起玩耍，能有效调动孩子活动的积极性和主动性。久而久之，他们就会变得乐观、开朗和自信。

一点提示

不爱主动表达，对父母三缄其口，是如今孩子身上的通病。作为父母，一定要引导孩子主动沟通，因为这才是父母了解孩子真实想法的窗口。

"

教会孩子用和善的态度说话

语言，是拉近距离最好的手段，亦是获得人脉的利器，但其前提是和善的语言。因此，父母若想孩子与人顺利沟通，就应培养他们学会用和善的态度说话。

斌斌在幼儿园时期还是非常懂礼貌的，然而，自从他上了小学，由于在家的时间开始减少，再加上受到了环境的影响，他渐渐将一些不文明的语言挂在了嘴边。

面对儿子的改变，父母非常担心，为了纠正斌斌这种语言上的不良习惯，他们决定重新培养儿子的语言能力，让他学会运用文明礼貌的措辞。

从那以后，父母便开始行动了。如妈妈在让斌斌帮助自己做什么事时，总会对他说："请你帮我……好吗？"或者说："请你……好吗？"而不会像以前那样顺口丢出一些生硬的句子，也更不会再用强硬的命令语气让他去做事。当斌斌做完了某件事以后，妈妈也总会说一声"谢谢"。

不仅如此，不管遇到什么事情，即便是一些微不足道的小事，父母都会和斌斌商量一下，比如爸爸想换一个电视频道，便会先问他说："斌斌，我们换到体育频道好吗？爸爸忙完手里的事想看会儿球赛。"

"斌斌，我们换到体育频道
好吗？爸爸忙完手里的事想看
会儿球赛。"

在去年的圣诞节时，爸爸给斌斌买了一个篮球作为礼物。这
天，爸爸参加同学聚会时，突然想跟昔日的同窗来一场比赛。于
是，他便当着大家的面问斌斌："斌斌，能不能把篮球借给我们
玩一下？"

同窗好友们顿时都感到十分惊诧，便问道："儿子的还
用借？"

此时，爸爸笑着回答："既然是送给孩子的礼物，它就是孩子
的物品，所以，不管是谁要使用这个物品，都必须先跟孩子商量。"

爸爸的一席话让斌斌感到自己备受尊重，与此同时，他的心
也悄悄地动摇了。

一段时间以后，父母欣慰地发现，斌斌又重新变回了彬彬有礼的好孩子。

"斌斌，能把你的篮球借给爸爸玩吗？"

"当然可以。"

对孩子来说，最有亲和力的语言莫过于文明用语。因此，父母应当注重培养他们运用礼貌的措辞。一个有教养的孩子，必须有良好的文明礼仪，这样的孩子往往都比较受人欢迎，这便是心理学上所说的"被众人接纳的程度高"。但文明礼仪要从小培养，才能逐渐形成。

然而，有些父母认为，现代社会是个自由的社会，懂不懂礼仪没关系，只要学习好、有真本事就行了。有些父母则认为，小孩子天真无邪，长大了自然就会懂得文明礼仪的。其实，这是家庭教育的误区。一方面，孩子的文明礼仪需要从小培养，否则，一旦形成了坏的习惯就再难改变了；另一方面，越是懂礼仪的孩子，越能获得自由发展的广阔天地，因为他们会受到他人的尊重和欢迎。

一直以来，语言都是家庭教育中的重点，但父母往往都只关注语言的本身，却忽视了语言背后的深刻含义——和善。因此，培养孩子的语言能力，绝不能忘了如此重要的一课。

孩子的和善就体现在礼貌上，对此，父母应从下面几点开始培养：

1. 为孩子树立一个良好的榜样

父母良好的行为举止，是对孩子最生动、最有效的教育。因此，父母要注意提高自身的素养，使用文明的语言，在家庭中不讲粗话、脏话，家人之间多使用礼貌用语，这样才能通过自己的行为潜移默化地影响孩子，让孩子在良好的环境中养成文明用语的习惯。

2. 一定要净化孩子的语言环境

不文明的语言一般都来源于周围的环境。要想让孩子成为一个文明礼貌的人，首先要净化孩子周围的语言环境。当父母发现孩子说脏话时，要找出孩子说脏话的根源，尽量让孩子远离或少接触不良的语言环境。父母可以有意识地限制孩子与经常说脏话的同学来往，也可以和老师取得联系，借助老师的力量促使其他孩子养成文明用语的习惯，等等。

3. 培养孩子运用礼貌的措辞

父母应要求孩子使用文明用语，如"您好""谢谢""请""对不起""没关系"等，在向孩子强调文明礼仪的常识时，父母不要用教训、命令的口吻，而是要循循善诱。同时，父母还要让孩子明白，人与人之间若出现互相冲撞，不要恶言相向，要抱以理解、宽容的态度。要求孩子做到行为文明，如和人见面时主动打招呼，和别人说话时专心倾听，爱护公共环境，遵守交通规则等。

4. 学会尊重自己的孩子

文明礼仪看起来是一种外在的行为表现，实际上却反映了一个人的内心修养。有自尊的孩子会尊重自己，维护自己的人格尊严，而懂得尊重自己的孩子，在说话时往往也会顾及他人的感受。因此，父母在生活中要做到尊重孩子。与此同时，在家庭中父母也要互相尊重，因为父母之间的尊重，也会在潜移默化中给孩子以良好的影响。

一点提示

粗暴的语言让人如芒在背，和善的语言则让人如沐春风。教会孩子如何说话对于孩子的成长至关重要，这会让孩子的成长之路愈加平坦。

让孩子拥有当众说话的勇气

有些孩子因为自卑不敢在人前讲话，不愿意与同龄人交往。父母要鼓励这样的孩子勇敢表达，把自己的想法和要求讲清楚。有了良好的语言沟通能力，就会逐渐培养起孩子的自信。

有些孩子之所以会害怕当众说话，逃避与人交往，可能是受父母性格的影响，父母内向、不善交往的处事方式会给孩子造成一定影响。还可能是因为敏感的孩子在人际交往中受到过伤害，在心中制造了一个负面的印象而产生了逃避行为。也可能是因为孩子有语言缺陷，怕人嘲笑或遭到过嘲笑而产生恐惧心理等。

杰克·韦尔奇是美国通用电气公司的董事长，他带领通用电气进行全面的企业改革，在全世界范围内打开市场，以他非凡的领导才能，创造了20世纪的商业奇迹，被称为全球第一CEO。

可是，小时候的杰克却是一个不敢在人前讲话、有口吃毛病的孩子。杰克从小就口吃，因而遭受到小伙伴的嘲笑，对着他喊"口吃鬼"，渐渐地，他变得不爱出门，不爱说话，自卑怯懦，每次回答别人的问话只是"嗯""哦"，再也不多说一个字。

当孩子开始有自我意识，开始尝试与伙伴交往，他们会根据伙伴的评价来定义自己的形象。当小伙伴嘲笑杰克"口吃鬼"的时候，他对自己的认识就会停留在"口吃"上，认为自己是一个不正常的孩子，自信心严重受损。如果这样下去，孩子一辈子都会生活在自卑中，甚至变得孤僻自闭。幸运的是，杰克的妈妈给了他很大的鼓励。

母亲告诉杰克，口吃算不了什么缺陷，甚至还表扬他："你有点口吃，正说明了你聪明、爱动脑，想得比说得快些罢了。"然后，母亲继续说："别担心别人说什么，你只要大声地说出你的想法，把话说清楚就好。"

母亲的鼓励无疑给杰克带来了极大的自信，略带口吃的问题并没有阻碍杰克的发展。而在实际生活中，注意到他有口吃这个缺陷的人，反而对他产生了敬意。美国全国广播公司新闻部总裁迈克尔甚至开玩笑地说："杰克真行，我真恨不得自己也口吃!"

"没关系，大声说出自己的想法。"

　　杰克的自卑源于他的口吃，在他为口吃自卑的时候，是母亲鼓励他把不足看作优势，告诉他要大声说话，把话说清楚。在大声讲话的同时，杰克看到了自己的能力，找回了自信心。

　　说话是孩子表达的主要方式，声音的大小能体现孩子信心的强弱。大声讲话是克服心理胆怯的有效手段之一，也是提高孩子社会交往能力的重要因素。大声说话本身就是在进行积极的自我暗示：我是自信的，我是有力量的人！这种暗示会让孩子形成良性循环，从而不断提升孩子的自信心。

　　有个心理专家曾经给一个叫敏敏的学生做过心理辅导，她心思敏感，认为老师和同学都讨厌自己。平时就自己躲在教室的角落里，上课不回答问题，下课不与同学交往，说话时声音也小小的。她内心非常痛苦，希望这个专家能够帮助她。

　　心理专家在了解了她的情况后，帮她做了一些心理疏导，还给她布置了作业：要求她找出自己的优点，每天大声念5遍；每天课后找3个同学大声地说笑……

　　经过一个月的训练，敏敏的状况有了很大的改善，她已经能在课堂上回答问题了，和同学谈话也很自如。

　　由此可见，大声说话能帮助孩子克服自卑的心理，尤其是大声地把自己想说的内容表达清楚，对提升孩子的自信有很大的作用。

对于比较小的孩子，父母可以利用孩子最急切的需求来训练他大声说话，比如在他要吃的、玩的，要求我们帮他做什么的时候让他大声说话。可以让孩子大声地叫我们一声，表达一个自己的看法，再把东西给孩子。这样就会暗示孩子：大声说话可以提高沟通的效率。

大一点的孩子，需要培养他们独立生活的能力，让他自己去商店买点东西。如果成功完成，就马上表扬他，积极的暗示会激励孩子不断去挑战自己。对孩子的训练要由易到难，不能一开始就带孩子去一个非常严肃、非常陌生的环境让他大声说话，这样不但锻炼不了孩子，还会让他的内心更恐惧。

一点提示

对于不同的孩子，我们要采取不同的激励方法，让他们学会大声说话，表达清楚自己的想法，努力帮孩子提升与人交往的自信。

"

跟你说了多少遍了，不要在客厅踢球！怎么就是记不住？

妈妈收拾家务很辛苦，我们要体谅她，好吗？

以后我再也不在客厅踢球了。

第三章

让孩子理解你，
不是服从你

学会与孩子和谐相处

大家如果回首童年或许会发现，那些让你受益终身的教育，大都是你最喜欢、最爱戴的人给予的。

有一天，安徒生的父亲在做活时剩下了一块木头，顿时想到可以给孩子做些小玩意儿！他决定给儿子做几个木偶。木偶做好后，他又对安徒生说："你找妈妈要一些没有用的碎布来，给这几个小演员缝制几件衣服。"安徒生听了，高兴地叫道："好啊，我这就去问妈妈！"他兴冲冲地跑到妈妈那儿，在妈妈的帮助下，终于给小木偶们各自缝了一套衣服，安徒生细心地替他们穿好。父亲对他说："它们是不是很像几个演员？咱俩一起演戏怎样？"父亲从院子里搬来一张桌子当作舞台，用妈妈的头巾当幕布，还从书架上找来一本名叫《荷尔堡》的书当剧本，就这样，父子两人在堂屋里即兴演起戏来。他们互相练着台词，不时地讨论该用什么样的表情和动作，简直像两个专业的演员。爸爸滑稽的动作和幽默的语言把安徒生逗得东倒西歪，实在演不下去了。妈妈这时也放下手里的活儿来当他们的观众。隔壁的邻居们也被笑声吸引过来，都笑这父子俩真是太有意思了！

　　之后，安徒生又遇到一位对他创作很有帮助的人，一位在医院里专门给人收拾东西的老太太约翰妮。她是位和善并且会讲很多故事的老人，关于这座城市的每一块石头、每一棵老树，她都能讲出故事来。讲完后她总是说："这一切都是存在的，不是瞎编的。"安徒生认真地听着这些故事，常流出眼泪或者大笑起来。日子久了，他听到了很多故事，就把这些故事讲给小伙伴们听。从此以后，安徒生就迷上了故事，迷上演戏。那些虚构的人物和情节对他来说，就像古老神秘的森林一样吸引着他。为了演好戏，为了了解更多的故事，他疯狂地爱上了看书。这对他以后的童话创作产生了很大的影响。

"这可是真的，可不是我编的哟。"

随着年龄的增长，他开始意识到机遇是要靠自己努力寻找的。于是在1819年6月的一天，14岁的安徒生走到母亲的面前，说出埋在自己心中多年的理想："我要当演员，我要演戏。"他不顾家人的劝阻，毅然踏上了前往哥本哈根的漫漫长路，去实现自己的理想。

安徒生在剧院牧童合唱队或士兵队里扮演小角色，度过了哥本哈根一个漫长的冬天后，他逐渐意识到演戏并非他追求的最终目标。他开始改变目标，要用文字表达自己的想法，他要写作。为了避开一些人鄙视的目光，他外出旅行，到法国、德国或者意大利，广泛接触生活在底层的穷苦人民，他为自己没有能力来帮助他们而感到痛心，于是就用童话的形式，把人民大众的疾苦和对美好生活的向往描写出来。

他热爱编故事，以每年写一本书的速度勤奋写作。他每写出一篇童话作品，都会得到世界性的赞誉。他在写童话故事的同时，还写小说、戏剧。几年以后，他用巨大的艺术创作成果证明了自己非凡的成功，执着追求的梦想也得到了实现，他的童话作品一版再版，各种荣誉纷至沓来。

好的亲子关系胜过许多教育。父母与孩子关系密切的时候，对孩子的教育就容易成功；与孩子疏离的时候，对孩子的教育就容易失败。而建立良好的亲子关系，其关键在于定位。

1. 不当"法官"，学做"律师"

有些父母看到孩子出了问题，便迫不及待地当起了"法官"，这是不对的。孩子的内心世界丰富多彩，父母要积极地影响和教育孩子，应先从了解孩子的内心世界做起。而了解孩子最重要的是呵护其自尊，维护其权利，成为其信赖和尊重的朋友。父母对待孩子，要像"律师"对待自己的当事人一样，了解其内心需求，始终维护其合法权利。

2. 不当"裁判"，学做"啦啦队"

在人生的竞技场上，父母既无法替代孩子，也不该自作主张去当"裁判"，而应该给予孩子一种保持良好竞技状态的力量，即"啦啦队"的力量。这样更能帮助孩子建立自信心，而这正是家庭教育的核心任务。

一点提示

与孩子愉快友好地沟通、相处，才能让孩子理解你并塑造好自己。一味地指责与强迫只会给孩子带来负面的感受，对孩子的成长毫无益处。

批评说教要讲究方式方法

很多父母面对顽皮甚至是屡教不改的孩子，总是忍不住对孩子进行批评说教，希望能够通过批评来纠正孩子的行为。可很多时候父母发现，孩子似乎表面接受了父母的说教，可转过头去就把父母的话当作了耳旁风，抛在了脑后，并没有取得应有的教育效果，孩子的行为也并没有得到纠正与改善。其实，这是由于父母批评和说教的方式不正确造成的。

上小学三年级的松松，在课间休息的时候总是不安分，一会儿拍拍这个同学的脑袋，一会儿推一下正在做游戏的同学。老师对松松进行了批评教育，可是没有用，所以只好告知松松妈妈。老师对松松妈妈说，松松一直就有这样的行为，不过以前不像现在这样频繁，所以就没请父母。儿子的表现让自己如此丢脸，松松妈妈心里那个气呀，甭提有多大了。

一回到家，松松妈妈就质问松松："儿子，你知不知道老师向妈妈告状了，说你总是搞破坏，招惹同学？"

"我知道了。"松松低下头，嘴里低声道。

"我跟你说，你给我记住了，以后不许再这样了，听见没？"松松妈妈吼道。

"哦，听见了。"松松应了一声，脸上一副委屈的表情。

"你还委屈了，我可把话说在前头，妈妈要是知道你再这样，看我怎么收拾你！"

松松收敛了几天，又依然如故。上面的对话只是换几个场景继续重复着，松松妈妈真的不知该怎么办了。

"你为什么总是调皮？你知不知道我又被老师叫去学校了？"

"我知道了。"

松松妈妈之所以教育效果不佳，问题就在于上面的对话只是换几个场景继续重复着，同样的说教在松松身上根本没有起任何作用。也许最初，松松会因为老师和妈妈的批评有所触动，所以收敛了几天。然而之后，这种一味地说教，对松松已如耳边风了。

教育孩子的方式有很多种，一味地说教是最没有效果的了。

找出原因、解决问题才是事情的关键。上述例子中，妈妈和老师自始至终都没有问过松松一声"你为什么要这么做"。原来，经过妈妈与老师后来的细心了解，因为松松有中度的弱视和斜视，使得他的动作不如一般的孩子灵活、准确。松松因此不太受同学们的欢迎，大家做游戏时都不愿意带他，松松在哪一边，哪一边就极有可能会输，这样就没有人邀请松松一块玩儿了。可是松松看见同学们玩得那么开心，他真的好羡慕，好想和大家一起玩，但他不知该怎么表达这种愿望，就采取了搞破坏的方式，包括去拍别人的脑袋。他不明白，自己的这种"友好"为什么不被别人接受，为什么同学们更不爱和他玩了，而且还被老师和妈妈责骂。松松真的觉得很委屈。当松松妈妈在咨询师的帮助下听到儿子的心声时，妈妈难过地哭了，她后悔自己的粗暴，心疼儿子的孤独，责怪自己的疏忽。

　　父母和老师遇到孩子犯错误的时候，往往是直接提出批评，要求孩子改正，却几乎没有考虑过探究一下孩子出现问题行为的原因是什么。咨询师建议松松妈妈做两件事，一件事是主动找松松的班主任沟通，请求班主任帮助松松回到同学们中间去。另一件事是教松松如何与人交往、沟通，告诉他采用拍、推等方式是没有用的，应当直接用语言表达自己的愿望。果然，松松在全班同学的热情接纳和关心下，再也没有搞过破坏活动了。

　　作为父母应首先认识到，每个人都有一定的缺点，都会犯错。当孩子做了错事时，应避免老套的说教。那么，父母究竟应该怎么做呢？

　　1.尊重孩子的人格

　　孩子远比我们所想象的复杂，他们心理感受的细腻敏锐程度简直让成年人惊讶。因此，父母只有用友爱的、平等的方法对待他们，才能培养他们的自尊心和责任感。大声责备、老套的说教很难被孩子接受。

　　2.让孩子知道自己为什么受批评

　　孩子年龄小，知识不多，能力也很有限，因此常常会惹出某些事端。父母应该实事求是地和他们沟通，千万不要夸大事实，要帮助孩子分析产生错误的原因，引导他们进行自我反省。

　　3.告诉孩子正确的做法

　　批评本身只是一种教育手段，而不是目的，教育的目的是为了孩子今后不再犯同样的错误。因此，父母在批评孩子的同时更应该耐心地教给孩子做事的正确方法。最好的方法是暗示、引导，让孩子自己去思考判断，通过自己的努力加以改进。

一点提示

表扬孩子要当众，批评孩子则要私底下进行。一是维护了孩子的自尊心，二是不会让孩子为了维护自尊心而对承认错误有抗拒心理，以至降低沟通效率。

用具体的话语与孩子沟通

很多父母在有了孩子之后，都感觉到孩子不仅让自己筋疲力尽、劳心劳神，而且自己的付出似乎并没有得到应有的收获，因为自己不仅没有培养出优秀的孩子，反而让孩子的成长并不快乐，也并不顺利。

黄灵觉得孩子真让自己操心，几乎每时每刻都得把心思放在他身上才行。

天刚亮，就听见黄灵的声音："今天降温了，别穿昨天那件衣服了，当心感冒。"

孩子才穿戴完毕去洗手间洗漱，黄灵的声音又传过来："牙膏别乱挤，不要浪费。"

吃早饭的时候黄灵也在不停地念叨："别那么拿筷子，不规范""别那么盛汤，会洒得到处都是""别那么拿碗，像讨饭的一样"。

孩子上学之后黄灵会轻松一下，可是从五点多孩子回家开始，黄灵的嘴又要不停地工作。

吃完饭，孩子坐在沙发上看电视，黄灵告诉他要端正自己的坐姿。

孩子看书的时候，黄灵告诉他要注意距离，不然以后会近视。

洗脚的时候，黄灵又要告诉他别只把脚放水里泡一下就完事，那样洗不干净。

有时候连丈夫都觉得黄灵唠叨，可是黄灵一瞪眼，说："我还不想费这个劲呢，可是你看看，孩子都8岁了还一点不懂事，我能不操心吗？"

黄灵的孩子比起同龄人来，显得不够机灵，也没有其他孩子那股活力。他做事总是畏首畏尾的，一副没信心的样子，总有些想避开父母，面对黄灵的时候更是说不出几句完整的话。

黄灵真希望自己的孩子能像别家孩子一样，主动拉着父母兴高采烈地说学校里的新鲜事，能自己照料自己让父母放心，可是看看孩子现在的状态，什么时候才会有那一天呢？

从黄灵的语言可以看出，她总是在否定孩子的行为，这种不断来自亲人的否定首先摧毁的就是孩子的自信，所以孩子缺乏因自信而焕发出的活力。

黄灵在否定孩子的同时，并没有给出应该怎么做的具体指示。对孩子来说，他只知道自己这样做是错的，那样做也是错的，却不知道自己究竟应该怎样做才是对的。不断地尝试却又遭到不断地打击，他形成了始终都在怀疑自己的习惯。怀疑自己所做的事情是不是符合黄灵的要求，所以做事的时候就会畏首畏尾，害怕自己做错，害怕自己再一次遭受批评。

"儿子，给妈妈讲讲学校里……"
"先不说了，我要写作业了。"

由于没有得到过肯定，也不知道怎样做才能得到肯定，所以孩子只能采取少做少错、逃避黄灵这样的方法来减少批评，其直接后果就是减少了和母亲的交流。从长远来看，在这种茫然、担心、自我怀疑、逃避交流情绪下长大的孩子，无论是在交流能力、生活能力和自信心上，都可能会逊色于同龄人。

在现实生活中，很多父母和孩子说话时，往往只讲空洞的道理，孩子听进去并转化为实际行动的却少之又少。比如，有的父母说"孩子，你的表现真让我失望"，孩子会纳闷，不知道自己哪里做错了。因此，父母这样的话是不会收到实际效果的。

父母教育孩子的时候，用语越具体，其有效性就越大。因为越具体，说明父母对孩子越关心和了解。父母说得太空乏，没有实际内容，孩子就会觉得父母只是随口一说，并非自己做得很好或是犯的错误有那么严重。

孩子的抽象思维能力有限，很难将父母提到的抽象事物转化为自己的内在感知。这就需要父母与孩子说话时，尽量选择最近发生的事情，最好是在事后就和孩子讲清道理。这样孩子会印象深刻，教育效果也会更加理想。

1. 对孩子的批评要具体

当孩子做错事的时候，父母应该批评孩子，但如果不懂得批评的技巧，不和孩子讲清到底什么地方做得不对，孩子改错的意识就会很淡薄，对于怎样改正错误也没有明确的方向。

父母在批评孩子的时候，要尽量控制自己的负面情绪，具体、客观地为孩子指出他犯错的地方以及原因，给予孩子科学、恰当的指导，这样才会达到教育孩子的目的。

2. 对孩子的表扬要具体

父母对孩子的表扬和赞美，不仅要及时，还要具体，要注意强调孩子做得令人满意的具体行为。表扬越具体，孩子就会清楚地知道，哪里是需要自己继续保持的地方。

在父母的表扬里，孩子也可以认识到自己什么地方做得不足，进而努力改正自己的不足，从而实现全面发展。

3. 利用具体情境和孩子说话

仅仅依靠空泛的语言说教对孩子是不起作用的，父母要学会利用具体的情境与孩子说话，因为在具体的情境中，教育才更有针对性，孩子才能印象更深刻，记得更牢。

父母应该学会利用各种情境对孩子进行教育。比如，在餐桌上，可以教孩子基本的进餐礼仪；在公交车上，教孩子主动为老人让座；在公共场合，教孩子要爱护公共卫生，自觉地将垃圾扔进垃圾桶里；在公园，教孩子保护树木，禁止乱折花草。

一点提示

父母只有及时、具体地教育和引导孩子，才能达到理想的教育效果。同时，父母还可以创设具体的情境对孩子进行教育。

告诉孩子他能行

孩子在父母不断地激励与鼓舞下会逐渐树立信心。父母的支持与赏识是增强孩子上进心的内在动力，也是充分挖掘孩子潜能的一种无形的力量。

罗纳尔的成绩很差，每次考试总是在倒数几名。老师一直说他无可救药了，连他自己也觉得这辈子不可能成功。为此，他一直很沮丧。

有一天，老师兴奋地在班上宣布，著名的学者罗森·索索尔要来班上做实验。

罗森是研究人才学的专家，据说他有一种神奇的仪器，能预测出谁在未来会获得成功。可是，罗森只是到班上转了几圈便没了踪影，由他的助手对同学们进行了一些诸如测量血压之类的常规检查，并和孩子有一些很简短的交流。

一天，老师神秘地点了五个同学的名字，请他们到办公室来一下。办公室里坐满了老师，还有久违了的罗森·索索尔以及他的助手。"孩子们，"罗森和蔼可亲地说，"我仔细地研究了你们的档案和现在的学习情况，我认为你们五个人将来会获得成功的，好好努力吧。"

罗纳尔以为自己听错了，可是看着在场所有人的表情，他确定这是真的。

"你们5个人将来一定会成功的！"

从办公室出来后，罗纳尔觉得自己的脚步轻松了许多，他想："原来我还有希望，罗森是这么说的，他的预测一向是准确的，我要努力！"

"罗森说我会获得成功。"罗纳尔一直这么激励自己，很快，他的成绩跃居班级前几名，被罗森点到的几位同学也都名列前茅。

十五年后，罗纳尔顺利地在哈佛大学取得了博士学位。在毕业典礼上，他见到了久违的罗森教授，罗森教授热烈地向罗纳尔表示祝贺。

"罗纳尔，祝贺你博士毕业！"

"可是，"罗纳尔最终还是忍不住问了起来，"您是凭着哪一点确信我一定会成功的？当时我连自己都绝望了。"

"孩子，我给你看一样东西。"罗森请罗纳尔到自己的电脑室去，在那里，他调出了罗纳尔的全部资料，包括从他们那次实验后的每次考试成绩记录、就读的大学的情况。不仅有他的，还有其他四个人的。罗纳尔一点儿也不明白是怎么回事。

"那次实验到现在才结束，实验的题目是'语言的激励作用对人的影响'，我们一直对你们五人进行跟踪调查，实验大获成功。实际上，我并不知道你们都会成功，但除了因车祸而亡的丽达，你们都成功了。我只是从名单上随便勾出五个人名，在此之前我对你们一点儿也不了解。实验表明，帮助孩子培养对自己能力的信心，能发挥孩子的潜力。因为人类会被自己心中的信心所引导，小孩也不例外。"

罗森·索索尔的这个实验是心理学上著名的实验，这是利用语言的暗示作用来培养人的自信心。罗纳尔正是在鼓励之中唤起信心而获得成功的。

现在，很多父母对孩子要求很严格，对孩子的错误、缺点从不放过，发现了就及时批评教育。这种不姑息、不袒护、不放任的态度是对的，也体现了父母对孩子殷切的爱，但教育效果不一定很理想。什么原因呢？原因在于只是一味地批评，不符合孩子的心理特点。

孩子的信心来源于父母有效的夸奖。孩子需要夸奖，需要鼓励。夸奖不仅仅表明了父母的认可，同时也坚定了孩子的信心。

只有孩子对自己充满了信心，才能成长为优秀的人才。那么，父母具体要怎样去赞扬和鼓励孩子呢？

1. 不要给孩子消极的期望

当父母要求孩子第二天早晨自己收拾书包时，应该说"我相信你能做到这一点"，而不是说"你能做好吗"。后一种说法会使孩子自己也怀疑自己是否有完成这个任务的能力，在具体做的时候就不是努力去做，而是容易气馁，半途而废，导致失败。

2. 不要对孩子提出不合理的高标准

父母和老师都希望孩子上课能够时时刻刻专心听讲，每天都能够做到作业本整整齐齐，穿着干干净净。然而，这对于上小学的孩子来说是很难做到的。所以，父母不能对孩子期望过高，不要让孩子觉得他们始终达不到预想的标准，这样的孩子会过早地失去童真和快乐，也会失去自信。

3. 重视孩子的贡献、自身价值和优点

要想让孩子充满信心，就要让他们感觉到自己是有用的人。

很多父母批评自己孩子时，总是把他们说得一无是处，在家里又什么都不让孩子做，因为孩子做什么都难以达到父母的高标准。要想让孩子觉得自己有用，父母应该客观地评价自己的孩子，肯定孩子的长处，引导孩子用自己的长处为家里做出一份贡献。

4. 鼓励每一个进步，而不是关注最终的成就

父母常常关注孩子的考试成绩，或者关注孩子参加的比赛获

得了什么名次，却容易忽视孩子平时的每一个微小的进步，这样做的结果会使孩子索性不去尝试每一个微小的努力，因为他一下子看不到长远的结果，又缺乏耐心和意志。因此，父母需要对孩子的每一个进步都有鼓励，使他们的正确行为得到强化。

一点提示

对孩子的认可与鼓励，可能会在孩子身上发生无比神奇的作用。这会激发孩子主动进取并实现自身价值的愿望，远比严厉地批评指责效果好得多。

青春期孩子的
正面管教

第一章

关注青春期，让孩子健康成长

给青春期的孩子更多的理解与欣赏

青春期的孩子由于生理上的急剧变化，会出现各种各样的心理反应，大部分是自我意识觉醒的表现。如何教育处在青春期的孩子是很多父母们的苦恼。那么作为父母，到底该如何对待青春期的孩子，如何与他们相处，让他们顺利、快乐地度过青春期呢?

最近，武侠小说让驰俊着迷，他十分迷恋书中那些侠肝义胆的武侠英雄。为了这个，父母苦口婆心地劝说了很多次，可是父母说一句，他顶嘴好几句。因为对武侠小说的迷恋，他甚至开始在课堂上偷看，老师都发现了好几次。

"我儿子小时候可乖了，又听话又懂事，他还得过画画的奖!没想到他现在整天迷恋武侠小说，为了不让我们发现，他晚上关了灯用手电筒看"，他的妈妈向别人哭诉。

很明显，现在叛逆的驰俊已经不是当初听话的孩子了。是的，叛逆与成长同在，叛逆是孩子成长过程中不可避免的一个环节。

孩子在青春期里进一步发展了自我意识，慢慢形成了自己的价值观，这种价值观有时候不同于父母的，如果父母不理解他们的价值观，他们就只能在其他地方中寻求共鸣，因而疏远父母。这个时候，如果父母过于介入孩子的生活，他们就会蛮横地反抗，要求独立。反抗有很多形式，轻者就是不和父母说话、顶嘴，严重的甚至还会退学。

其实，青春期的叛逆标志着孩子的成长。因此，孩子说"不"是很多开明的父母所看重的，孩子有自己的想法是他们所鼓励的。可是也有很多父母还是无法接受这一点，他们觉得听话是孩子最好的状态。当孩子开始反抗的时候，他们就非常焦急、恐惧。

对于处在青春期的孩子，父母究竟应该怎样做呢？

1. 让孩子具有独立性

对于青春期的孩子，父母要注意让孩子独立，充分培养孩子的自理能力，让孩子养成处理自己生活琐事的习惯。事事代劳，反而会与他自我意识的增强相矛盾。

2. 从权威地影响向客观地分析、引导过渡

要避免指令式的教育，在孩子遇到困难、问题、挫折后，予以客观的分析和引导，而且，这种分析和引导还应该是平等、友善的。

3. 耐心地和孩子一起做他喜欢的事

接近孩子，发现优点，给予鼓励，并学会示弱，为孩子创造超越父母的机会。凡是孩子做得好的地方，予以夸赞，进一步引导孩子继续学习。注意不要只重视学习，再加上许多父母付出了很多，对孩子的要求顺势拔高，容易使孩子出现比较持续和严重重的不满情绪，影响与孩子的一切交流。

4. 给孩子足够的自由与空间

当孩子处于叛逆时期时，作为父母，不要只顾对孩子发火，而是给他足够的自由。父母不要总是告诉孩子怎么做，而是放手让他按照自己的想法去做。要欣赏孩子的变化，并试图夸奖孩子做得成熟的地方。要给孩子更多独立的空间，不要过多干涉孩子的生活方式。当然，父母有时候也需要温柔指导，青春期的孩子认知事物还不够全面，容易犯错误。例如孩子沉迷于网络游戏或者早恋了，这时候父母就需要温柔地指导了。但是对于青春期的孩子，父母还是应以理解为主。

"阿姨好。"

"亮亮长这么高啦！"

"亮亮是大孩子了，最近很懂事。"

5.平等地对待孩子

很多父母只是在生活中给予孩子关怀，可是却无法平等地对待孩子、关注孩子的心理健康。调查显示，绝大部分孩子的心理问题都是由于不正确的教育方式引起的。此外，不懂倾听孩子的想法也阻碍了孩子交际能力和语言能力的发展。当孩子把学习和生活上的问题诉说给父母听的时候，父母稍有不满意就会打断孩子的讲话。父母不给孩子表达自己的机会，孩子只能把话吞回去。偶尔，父母听孩子倾诉的时候很机械，不能体会孩子在说这些情况时的情绪。这样一来，孩子就会觉得父母不够重视自己的想法，只能把秘密埋藏在自己的心底，父母就更难知道孩子内心的想法了。如果父母不尊重孩子的话语权，时间久了，孩子就会产生对抗父母的情绪，甚至最后都不再信任彼此，那交流就更困难了。

平等的姿态是与青春期孩子交流的核心，在对待青春期孩子时，父母要暂时忘记自己所秉持的各种观念，不管你是反对还是欣赏孩子的语言和行为，首先你要积极地倾听对方的思想，积极倾听最关注的并不是话语，而是心理。不仅要倾听他们的想法，也要引导孩子把各种情绪宣泄出来。只有用平等的姿态对待孩子，孩子才愿意信赖你，向你吐露心声。

一点提示

理解与欣赏是对青春期孩子最大的爱和最好的帮助，只有以温暖的爱和宽广的胸怀去接纳孩子，用平等的态度对待孩子，才能让孩子顺利度过青春期。

正确面对青春期的叛逆

孩子进入青春期以后，生理上发生了之前没有的改变，由于对自己的身体变化并不是很了解，所以他们会因为生理的变化引起烦闷情绪。这时，他们的心态是半独立、半依赖的，有了自我意识，可是又无法成熟地面对自己的内心，这种矛盾让他们感到措手不及。若是遇到不开心的人或者事情，他们难免会变得急躁。

琪琪今年已经13岁了，上初一。琪琪的妈妈是一位负责任的妈妈，但也是一位严厉的妈妈。从琪琪小学一年级起，他的妈妈就每天雷打不动地坐在琪琪旁边看着琪琪写作业。妈妈总是很认真，对琪琪的要求十分严格。

"字怎么写得这么不工整？重写！

英语单词还没背？抓紧！

赶紧开始数学运算，规定时间内必须完成！

错一个单词，罚写二十遍！

做错五道题，就要多做五套卷子。

……"

不仅如此，妈妈还经常占用琪琪的业余时间，自己能教的自己教，自己不太精通的就求助于亲朋好友，发动全员为琪琪的学业贡献力量。

"赶紧写完英语，一会儿你大舅来给你补数学！"

一开始，琪琪很听话，妈妈怎么说就怎么做，成绩也很好，总排在班级前三。小学阶段，琪琪就把初中课程提前学完了。当然，琪琪的付出也很多，周末、节假日几乎都被学习占满了，没有玩耍，没有一丝喘息。

渐渐地，琪琪越来越不喜欢这样，和妈妈提出想要有一些自己的业余时间。妈妈不同意，还是只有学习。

琪琪见自己的想法不被尊重，开始抵触学习，不好好听课，别说补课，连学校布置的作业也不认真完成，成绩一落千丈。

妈妈很生气，各种办法都用了，依然无法让她重拾学习的热情。琪琪开始厌学，甚至旷课……

这时的琪琪，无论从哪个角度看，都是个叛逆少女。

琪琪的妈妈急于求成，一味从自己的想法出发，不顾及孩子成长的需求，只重视学习成绩，却忽略了对孩子兴趣爱好的发展，剥夺孩子玩耍的权利，显然是不尊重孩子身心发展的规律。琪琪到了青春期，这种填鸭式的学习方式终于让孩子承受不了了，孩子开始出现逆反心理，这种情况显然是不正确的教育方法造成的。

不仅如此，每个孩子的成长环境有所不同，再加上孩子的心智不成熟，若是父母的教育方式不恰当，孩子便会不由自主地反抗我们，成为一个叛逆者。

那么我们该如何对待青春期的孩子呢？以下几点建议可供参考：

1. 为孩子进入青春期做准备

亮亮一直是个爱读书的孩子，上小学五年级的时候，妈妈给他买了一些关于青春期的书。亮亮很快就将这些书读完了，还和母亲讨论，他也通过阅读书籍为进入青春期做了一些准备。孩子在进入青春期之前，父母可以学习亮亮妈妈的做法，给孩子准备相关的书籍，让孩子提前了解这些内容或者和孩子讨论一下青春期的事情，让他有个思想准备，从而在某种程度上避免其产生暴躁、叛逆的心理。

2. 不要总是念叨孩子

教育专家林格的课题组曾对1000名中学生做过一次问卷调查。里面有这样一道题：你最不喜欢妈妈的哪种行为呢？有将近600名学生的回答是唠叨。可以说唠叨是孩子产生逆反心理的最大天敌，当父母没完没了地给孩子讲各种各样大道理的时候，

"总是把衣服乱丢，下次不要这样，自己的东西要收拾好……"

"妈妈您能不能不要总是唠叨不停，像唐僧念紧箍咒一样！"

孩子常常是一个耳朵进一个耳朵出。孩子在青春期会表现得很急躁，更容易把父母的话当作耳旁风。因此，我们必须重视自己的说话方式，尽量不要对青春期的孩子没完没了地念叨，更不要总是批评他。

3. 真正了解孩子的内心

并不是所有孩子的青春期都会叛逆，但父母一定要保持警惕，切不可觉得给孩子提供了丰厚的物质保障就足够了，父母应该走入孩子的心里去体贴他、关心他。

学习压力、社会环境等仅仅是孩子叛逆的土壤，而最重要也是最根本的因素是因为孩子的精神得不到慰藉。所以，父母在生活中要学会用委婉温柔的语气和孩子说话。只有父母内心柔软了，学会好好地和孩子沟通，才能避免孩子产生叛逆心理。

4. 对孩子要有充分的尊重

青春期的孩子已经不是小孩子了，他们已经有了很多相对成熟和丰富的想法，如果父母这个时候还像原来一样把他们当成小孩子，不重视他们的思想，孩子便会因为得不到应有的重视与尊重而想要通过叛逆引起父母的重视，这时孩子的行为在父母眼中便会出现一些偏颇。因此，父母一定要尊重孩子，要从孩子是独立个体的角度，与孩子平等相处，尊重孩子的想法和决定。

一点提示

我们一定要清楚，孩子在一天天地成长，用控制和约束的方法显然是不科学的，不是孩子太难管，而是我们的方法有问题。

,,

给青春期孩子一个自由空间

青春期的孩子比任何一个阶段的孩子都更加渴望自由。由于身心的发展，他们特别希望自己是个成年人，能够赶紧脱离父母的约束，希望自己可以决定自己的生活状态，甚至是希望自己可以赚钱，通过实现经济的独立来实现真正的自由。

青春期就是孩子从幼稚慢慢走向成熟的一个过渡时期，一个成熟孩子的重要标志就是独立。因此，孩子希望得到一个自由的空间是很正常的。

所谓自由的空间到底是什么样子的呢？是帮他整理出一个属于他的房间，还是他的事情全部由他自己决定，父母一点儿都不参与？事实上，孩子有属于自己的房间很关键，可是他更需要的是心灵上的自由，渴望被尊重、被理解，得到父母的认可。如果这种希望最后没有得到满足，他们就会和父母对着干，和父母吵架，发脾气。

因此，我们需要给青春期孩子一个自由的空间，让他在这种空间里慢慢地了解自己，发现自己，提升自己。

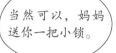

妈妈，您可以不动我抽屉里的东西吗？

当然可以，妈妈送你一把小锁。

1. 要充分尊重孩子的隐私

妈妈打扫儿子旗旗房间的时候，无意中发现他枕头底下有一本日记。趁着儿子不在，妈妈阅读了儿子的日记，里面有一小篇关于测验失败的日记引起了妈妈的高度关注。晚上吃饭的时候，妈妈忍不住好奇就问了这件事。旗旗想，一定是妈妈偷看了自己的日记。为此，母子俩大吵了一架，旗旗生气地夺门而出，妈妈说："你以后不要再回来了！"

作为父母，一定要尊重孩子的隐私，不要打着关心的旗号偷看孩子的隐私。孩子的小秘密可能只是一件无关痛痒的事情，但那也是他的隐私，是他成长的痕迹，是属于他自己的心灵秘密。对孩子的了解应该通过和孩子交流的方式获得，真真正正了解孩子内心的父母，是不用偷看孩子的日记的。

2. 不要将自己的想法强加给孩子

刘女士是一个性格很强势的妈妈，她的这一特点不仅表现在工作和生活上，更表现在对孩子的教育上。每次和孩子交流的时候，刘女士总是觉得自己说的才是对的，很少去听孩子的想法，甚至不容孩子辩解，强行让孩子听她的话。若是孩子自愿听她的话，她就觉得很舒心，若是孩子有什么反抗她的地方，她就会很生气地教训孩子一番，从而使孩子总是在听从和不听从之间犹豫，心里很委屈。

青春期的孩子有自己的思想，他们希望有自己的选择权，他们很反感被强迫、被父母限制。因此，在和孩子说话的时候要采用建议的口吻，而不是用命令的语气。只有这样，孩子才会有被尊重的感觉，才不会千方百计地想要摆脱父母的控制。

3. 给孩子的自由要有限制

国建的父母工作十分忙碌，平时很少有时间能够顾及孩子，孩子基本都是由爷爷奶奶来照顾。最近，刚刚升到初一的国建被爷爷奶奶"投诉"了好几次，说他不再像过去那样听话了，父母听了，并没有意识到孩子进入青春期需要父母特别的重视，而是想着孩子一直很听话，不会有太出格的行为的，况且不是很多人都说不要对孩子管束太严，要给予孩子充分发展的自由空间吗？并且自己工作也确实忙得走不开。可是不久之后，老师找到了国建的父母，原来国建不仅学习成绩下降得厉害，还沉迷于网络游戏，并且有早恋倾向。国建的父母听到这里，才意识到问题的严重性，这时他们不得不放下手头的工作，面对在孩子教育上面临的严峻问题了。国建的父母这时开始回过头来对国建严格管教，可是已经放任惯了的国建哪会轻易就对父母言听计从呢？坏习惯一旦养成本就很难纠正，国建依旧我行我素，父母对此简直苦恼不已。

　　我们主张给孩子自由的空间，并不代表我们完全不管他。实际上，孩子们总是渴望自由，可是一旦真的让他独当一面的时候，他也会表现出胆怯，这和孩子心智还没有发育成熟有着不可分割的联系。因此，这个时期的孩子更要获得有效的建议。

　　在一些生活日常的事情上，我们应该让孩子自己做出决定，像吃什么、穿什么、周末去哪里游玩等。在原则性的事情上，我们要帮助孩子把关，并且要尽量提出有意义、有指导性的想法，帮助孩子正确判断。久而久之，孩子就会因为精神上得到自由而变得越来越自信，并逐渐成长为真正独立自主的人。

一点提示

　　疏通强于拥堵，尊重与自由让孩子的情绪能够得以充分表达与释放。对孩子不事无巨细地强加干涉，给孩子一定的空间与自由，这对青春期的孩子而言是十分重要的。

避免让孩子成为"坏"孩子

詹巴斗是美国斯坦福大学的心理学家，他曾做过这么一项实验：他将两辆一模一样的车分别放在两个不同的社区，一辆放在环境不错的中产阶级社区，一辆放在有点脏乱的贫民社区。结果放在贫民社区的车不到一天就消失了，而放在中产阶级社区的车一个星期后仍然在那里好端端地停着。最后，当心理学家把这辆车的车窗敲破后，在很短的时间里，这辆车也消失得无影无踪了。

犯罪学家凯琳和政治学家威尔逊在此实验的基础上，于心理学上得出一个定理——破窗定律。结论是：若有人打坏了某栋建筑的玻璃，而后这块玻璃又没有得到及时修复，有些人的心里就会受到某种暗示，认为会有更多的玻璃被打烂。时间一长，在社会中就会渐渐产生犯罪。

父母要认识和重视这个定律，不要放任孩子在成长中无意犯下的错误，若父母对孩子犯下的错误视而不见，就会纵容他的错误行为。用不了多长时间，孩子就会由小错误发展到严重错误，从小及大，最终演变成无可挽回的大错。

父母眼中的小错，对孩子来说却是严肃的问题。父母如果无视孩子的这些小错，就是对孩子最失策的教育。因此，在孩子第

一次犯错时，父母一定要及时制止和纠正。在孩子有犯错的苗头时，父母应及时干预。

1. 良好的家庭环境很重要

大多数欺负同学的孩子都没有和睦的家庭环境，从另一个角度来看，那些对同学施以暴力的孩子也同样很可怜。对同学施暴的孩子几乎都有过被家暴的经历，他们就将自己受到的虐待和痛苦转嫁到他人身上。在施暴的过程中，他们达到了自己的报复和安慰心理。他们施暴的对象大多是性格软弱的同学，有时是些没有反抗能力的小动物。

如果父母认为孩子不对，却不去改变他的家庭环境，那么孩子很难从根本上改变自己的行为。

孩子在批评的环境中成长，就会埋怨别人；

孩子在敌意的环境中成长，就会施行暴力；

孩子在嘲笑的环境中成长，会使他变得难为情和不自信；

孩子在羞辱的环境中成长，会使他变得自责和懦弱；

孩子在鼓励的环境中成长，会使他对自己充满信心；

孩子在赞扬的环境中成长，会使他认为自己很棒；

孩子在公平的环境中成长，会使他充满正义；

孩子在安全的环境中成长，会使他对别人充满信任；

孩子在友好的环境中成长，会使他乐于释放善意。

2. 父母要警惕孩子早期的攻击性心理

小风和苗苗正在画画，突然小风发现自己少了一只红蜡笔，而苗苗的笔盒里正好有一只，所以他拿过来，并且说这是他的。苗苗不愿意给他，小风就把苗苗画的东西全都扔掉了，还对苗苗拳脚相加。

轩轩刚12岁，冲动好斗，自由散漫，对谁都不客气。刚上初一不久，他就全校"闻名"了，是全校出了名的捣蛋鬼，学习成绩也出奇的差。同学们都不喜欢他。他不遵守课堂纪律，对同学不友好，他会在男同学玩游戏时捣乱，或者把女同学的橡皮筋扯得特别长，要不就故意冲撞迎面走来的同学，容不得别人批评他，谁说他他就对谁拳打脚踢。

亮亮成绩不好并且性格乖戾，他总是欺负身边的同学，即使没人招惹他，他也会没来由地给同学一巴掌或一拳，还故意抢同学的东西。亮亮一点儿不尊重老师，根本不听老师的话。

"亮亮，你又在抢同学的东西！"

如果孩子经常出现类似上述案例中的攻击性心理，作为父母，一定要重视。这种心理会影响孩子的性格乃至整个人生，如果不及时纠正，在孩子成年以后，他可能会有社交障碍，严重的还会出现危害社会的行为。

一点提示

正所谓"小洞不补，大洞吃苦"，如果父母发现孩子的身上出现了一些坏苗头，一定要果断地予以干涉和纠正，以免错过管教的良机，最终酿成大错。

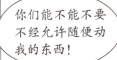

第二章

告别迷茫，谱写健康的青春之歌

正确对待青春期的异性交往

青春期是人生中非常重要的阶段。处在青春期的孩子无论身心，都在快速地变化和成长。在这个时候，孩子掌握的知识也会越来越丰富。因为自身体内荷尔蒙的分泌增多，性器官也开始逐渐发育，会对异性产生极大的兴趣。除此之外，在思想上也开始成熟，再加上周围环境和网络的影响，这时候出现早恋的倾向是很有可能的。

放学的时候不巧赶上了下雨，但是冰梅却没有带雨伞，这下可麻烦了，要怎么回家呀？冰梅只能一个人坐在窗旁，希望雨可以快点停下来。

"冰梅，你怎么还不收拾东西准备回家呀？"她前桌的男同学小斌问她。冰梅懊恼地答道："没带雨伞，我怎么回家呀？"

"你拿我的伞回家吧。"也不知道小斌从什么地方"变"出了一把雨伞。

"那你呢？"要是我把伞拿走了，他怎么回家呀？冰梅不禁担心起来。

小斌却傻傻地乐了一下，用无所谓的口气回答道："没关系，我跑着回去就行了。"

听到小斌说的话，冰梅心里涌上了一股暖流，于是说："那不如我们一起回家吧，反正咱们也顺路。"

听了冰梅的建议，小斌开心地点了点头。

"这么大的雨，没带伞可怎么回家呀！"

"我把伞借给你。"

之后，冰梅和小斌打着同一把伞在雨里漫步。冰梅心里想着自己这么大了，还是第一次和男生打着伞一路回家。这种只有在电影情节里出现的画面居然发生在了自己的身上。

但是天空似乎很不作美，这场雨居然越下越大，小小的伞根本就无法抵挡这瓢泼大雨。小斌倒是十分绅士，不停地把伞往冰梅这边偏，而自己瞬间就变成了落汤鸡。

看到这些，冰梅心中又是抱歉，又是欣喜，又是感动。

晚上回到家，冰梅躺在床上怎么也睡不着，她的脑海里总是出现小斌那憨厚的笑容，难道自己喜欢上他了？或许，女孩子就不应该和男生交往，只是一起回家而已，为什么我却无法入睡呢？

上面的例子在现实生活中时有发生。青春期或是青春期之前的青少年出现对异性的爱慕之情被称为早恋，也叫"牛犊恋"，这多与因环境因素而引起的性兴奋和性萌发有关。陷入早恋的男女会相互吸引、相互爱慕、相互支持，处于一种愉悦的情绪中，这时的感情是十分纯真的，但是往往缺乏理性的判断。相当多的早恋男女沉迷在甜言蜜语之中。

有些孩子对早恋十分担忧，总觉得喜欢异性是不正常的，是一件不光彩的事情。尤其是家里的乖乖女和乖乖儿们，会觉得喜欢上异性便不是好孩子了，会遭到周围人的指责。但是另一方面又对喜欢的人放不下，这样心里就十分矛盾，进而便有了很重的心理负担。其实完全不必这样。当父母解释清楚早恋的原因之后，孩子就不会产生恐惧和担忧了。

早恋的形成受个体发育和群体文化的共同影响，往往表现出不稳定性高、周期短等特点，对某一异性的爱慕或是喜爱是不理性的。假如班上一个男生说自己喜欢同班的一个女生，可能是因为她成绩优异，也可能是因为对方喜欢画画而兴趣相投。

假如你发现孩子对于班级或学校中的某个异性同学有着喜欢

的倾向，或是发现孩子有了早恋的倾向，不要表现出恐惧和震惊的情绪。这并不是孩子犯了什么错误，只要对孩子进行合理的引导，帮助孩子正确处理青春期的感情问题，就可以帮孩子建立对早恋的正确认知。

1. 充分认识到早恋的危害

虽然父母不必过于担忧或焦虑，但是父母也应当充分意识到早恋的确会给处于青春期的孩子带来一定的负面影响。它会分散孩子的精力，直接影响孩子的学习，特别是在孩子们年龄较小，还不能够很好地控制自己的情况下。孩子一旦陷入这种爱慕情感之中，就会把过多的注意力放在异性身上，在不知不觉中减少用于学习的精力和时间。

2. 与青春期的孩子进行情感交流

到了青春期这个年龄阶段，出于正常的情感需要，每个孩子都会产生与异性接触的渴望，这并不是心理疾病，也不是一件可怕的事情。但是父母一定要对孩子进行合理的引导，提前与即将进入青春期的孩子进行关于感情方面的交流，让孩子知道青春期可能会发生什么，怎样面对和处理这样的问题，教会孩子要把注意力放在学习、体育锻炼、发展文艺特长、发展同学友谊上。

"青春期的孩子，会遇到很多美好的事情，要多和爸爸妈妈讲讲。"

"知道了妈妈。"

3. 教会孩子正确处理与异性同学之间的关系

怎样处理与异性同学之间的关系，是青春期处理情感问题的核心。父母要引导并帮助孩子建立健康的感情观念，让孩子尊重友谊，尊重情感，乐观开朗，交友广泛，对待异性同学要在适当保持距离的前提下发展友谊。

一点提示

　　青春期的孩子产生对异性朦朦胧胧的感情是再正常不过的事情，父母既不要过分紧张，也不能放任不管，而是要多关心孩子，引导孩子以正确的方式处理青春期的情感问题。

"

正确对待异性的表白

随着孩子渐渐长大，父母们操心的便不仅仅是孩子的生活和学习问题，进入青春期后，对于孩子感情问题的关注也是父母的重要课题之一。处于青春期的孩子情窦初开，不可避免地会遇到一些情感问题。那么作为父母，应当怎样引导孩子正确处理好感情问题呢？

莉莉、菲菲和阿芳三个女孩坐在一起聊天，聊天的内容与普通女生闲聊的一样，哪个女孩又被表白了，学校里新选的校花是谁，哪个老师的衣服很好看等。但是今天，一向安静的阿芳最先说道："前几天我翻开语文书的时候，忽然看见里面有一封信。我吓了一跳，这是谁的信？怎么藏在我的语文书里？我赶紧打开信，只见上面写着：'芳，我知道或许你没有注意到我，但我却一直默默地喜欢着你……'信是姜维写的。看到信后，我的脸马上就烫了起来，心里也不免有些激动，脑海中立刻涌现出姜维帅气的身影和明亮的双眼，我该怎么办呢？拒绝他？这样做会不会伤到他呢？我们现在还是学生，而且学习压力这么大。我要怎么面对这封情书？"说完后，阿芳的脸还是红红的，阿芳说这是她第一次收到情书，她非常意外，姜维怎么会喜欢自己这么普通的女孩呢？

"我收到了咱们班姜维写给我的情书……"

　　任何一个孩子在被异性追求的时候，心情都是十分复杂的，也许会有一些恐慌，但是更多的是激动。所以有些孩子禁不住对方的蜜语甜言，最终会接受对方的追求，也会有一些孩子在好奇心的驱使下抱着无所谓的心态与对方交往试试，而有些孩子会抱着"这么优秀的异性居然喜欢我，这才是本事"的炫耀心理到处炫耀。这些就像是感情的缺口，一旦这个缺口越裂越大，就会为自己带来挥之不去的阴影与痛苦。

　　孩子面对闯进自己生活的异性，会产生进退两难的矛盾心理，这些都是非常正常的。但作为父母，一定要保持清醒的头脑，引导孩子正确处理收到的情书或来自异性的表白，帮助孩子理智、正确地处理好这方面的问题。

"剑锋说喜欢我……他那么优秀……"

处于青春期的孩子并没有对感情形成一个全方位的认知。此外，青春期是学习的最佳时期，不要分散对学习的注意力。假如你的孩子收到了异性的表白信，作为父母要根据不同的具体情况采取适当的方法解决。

1. 教孩子要礼貌且明确地拒绝同学

假如给你的孩子写情书的异性是一个品学兼优并且自尊心很强的同学，那么要告诉孩子最好不要公开这件事情。要视具体情况对这位异性同学进行礼貌但明确的拒绝，不要态度模糊，也可以根据具体情况与这位同学适当避免接触，拉开距离，时间久了，也许对方就会将这件事情淡化了。假如对方还继续给你的孩子写纸条或是情书，你也可以告诉孩子拒绝的态度一定要坚决，千万不要让对方产生任何的误解，要明确地表明自己的态度，解释清楚，今后大家还是应当继续做朋友或是同学。

2. 面对恶意追求，父母要予以干涉

假如你的孩子遇上了十分难缠的异性同学，他们采取一些不恰当甚至是十分过分的方式追求你的孩子，比如采取各种威胁的方法，发信息恐吓你的孩子，或是在班级里对孩子进行诋毁污蔑等。作为父母，一定要及时发现问题并对孩子伸出援助之手。父母首先要足够细心，能够及时发现孩子面临的困境，其次要鼓励孩子说出实情，不要对孩子进行指责。此外，父母要及时干预并制止这种不良情况的发生，可以及时向老师反映，由老师帮助管理或由老师协调对方父母对青春期的孩子们进行协同管理。

3. 教育孩子规范自己的言行，与异性保持适当距离

对于青春期的孩子，父母一定要及时进行引导，让孩子有正确的人生观，要有意识地提醒自己的孩子不要做让对方误会的一些举止。鼓励男女同学要在适当的场所正常交往，尽量避免与异

性同学单独到校园以外的地方交流。教育孩子在收到一些相约的纸条、信息后，要调整好自己的心态，要用理智约束自己，抑制住自己的冲动，让自己的青春更加丰富多彩。

4. 对孩子进行正确的思想引导

父母在孩子即将进入青春期前，就应当有意识地对孩子进行一些正确的思想引导，让孩子知道可能会面对什么样的情况。要让孩子知道，当自己被异性追求时，并不是什么需要隐瞒父母的见不得人的事情。有值得异性欣赏的地方，这本是值得自信和骄傲的，反而证明自己是一个优秀的人。但是同时还要让孩子知道，青春期并不是恋爱的好时期，一定要考虑到早恋所带来的负面影响，将这份青春期的懵懂感情放在心底才是最为正确的做法。

一点提示

青春期的孩子正处于知识积累、身体发育的黄金时期，还没有完全形成正确的世界观，缺少社会经验，不应过早地接触爱情，而应树立正确的奋斗目标，将精力和时间投入其中。

及时应对早恋

早恋，是指未成年时期开展男女恋爱关系或单恋，一般以中学生居多。早恋的发生通常是在心智不成熟又好奇的情况下。早恋的发生虽然在情理之中，但是作为父母，还是应该客观理智地充分认识到早恋可能给青春期的孩子带来的危害：

1. 影响学习，放弃理想

处在青春期的孩子心怀远大的理想，精力旺盛，思维敏捷，记忆力超凡。青春期是学习和吸纳知识的最佳时期。勤奋努力和学习知识是通往成功的必由之路。一旦遇到早恋问题，就无法集中精力学习，白白浪费大好时光，这样的"爱情"极有可能成为阻碍自身发展的绊脚石，让孩子长大后只剩下后悔。

2. 使性格发生变化，心理负担加重

早恋一旦被发现必定会遭到父母的反对，孩子也会因为父母反对而拒绝交流。久而久之，孩子与父母的关系变得越来越紧张，承受不住压力容易引起心理疾病。涉世未深的中学生，阅历不够丰富，缺少生活经验，理智很难控制感情。

既然意识到了早恋对于孩子的危害，父母怎么才能及时发现孩子早恋呢？青少年发生早恋时一般有比较明显的迹象，父母如果提早发现，帮助他们解决，就能够减轻早恋的危害。父母可以观察孩子以下几个方面，以判断孩子是否早恋。

1. 性格发生较大的变化。比如，活泼好动的孩子突然变得沉默，原本内向的性格却变得能说会道，或是温和的孩子突然变得暴躁。

2. 孩子突然特别在意外表。比如，女孩特别注重自己的外表，男孩突然不再不修边幅。

3. 生活作息不规律。比如，听讲不能集中精力且成绩走下坡路；经常接到异性的电话；喜欢默默地想心事，常常发呆或自言自语。

4. 开始有不同的爱好。例如，对爱情片和爱情小说特别着迷；对男女之间感情的事情特别感兴趣。

早恋还具有朦胧性，这种看似爱情的爱慕之情，有一种看不见摸不着的感觉。早恋有感染性，青少年很容易学习身边早恋的朋友，自己也渴望尝试，他们早恋的动机很单纯。还有一些青少年因为感受不到家的温暖而早恋，这种情况下，孩子更需要的是来自家庭的温暖。

刘洋是一所重点中学的初二学生，性格内向的他不愿与人交流，和其他人沟通非常困难。他父亲是电厂的一名普通职工，母亲是全职妈妈，父母对这个独生子太过溺爱，对孩子几乎是有求必应。但刘洋的父亲脾气暴躁，刘洋小的时候经常被父亲责骂。刘洋在班上属于学习成绩不错的好学生。有一天，班主任在校园里看见他与一名女生在路上有说有笑的。此后几天，这种场景又被班主任看见了两次。班主任有一天碰巧遇到了他，便旁

"上次老师碰到和你一起走的女生，是你的好朋友吗？"

"她叫王丽，我们经常在一起聊天……"

敲侧击地问他，刘阳说："下了自习课，操场上的同学都一对一对地玩耍，我心里非常羡慕，王丽之前和我的关系就不错，便和她一起出来聊天谈心。通过这几次的聊天，我觉得我们很投缘……"

青春期早恋是一种比较正常的现象，很多孩子在成长的过程中都会发生。作为父母，在面对青春期的孩子早恋时，首先需要对孩子进行有效的正面引导，使孩子将这种感情转变为学习的动力，不要影响到学习以及生活。其次需要增强孩子对自己行为的控制能力，根据不同的年龄段展开性知识和社会道德教育，让孩子明确有早恋的冲动是正常的，但需要克制，要引导孩子将主要的精力放在学习上。

"爸爸，您像我这么大的时候，有女孩喜欢看您打篮球吗？"

"当然有，不过爸爸当时选择与女孩子保持适当距离。"

世界著名教育家卢梭认为要适当开展青少年性教育课程，使青少年正确对待性。他说，要想控制人类的天性，应该从天性入手，利用欲念的威力去抵抗欲念的暴虐。对于男女间的感情问题，不能避开它不谈，反而要从这方面入手。

对待早恋问题的解决办法之一就是提早预防。父母首先要尊重孩子的人格和情感，满足他们在生活中的合理要求，这样才能使青少年理解和尊重你。其次了解并且关爱孩子，当他们在学习中遇到难以解决的问题时，父母要帮助孩子找出原因，做好心理辅导，给他们解决问题的勇气和信心。此外，因为孩子需要足够的空间和时间，所以还要给他们锻炼自己能力的机会。

一点提示

预防孩子早恋，不能采取强硬的方式，那样只会适得其反。父母要根据孩子的心理变化提前做好充分准备，引导、教育孩子正确面对青春期的感情。

第三章

友谊万岁，奏响 友情的圆舞曲

注意培养孩子的交际能力

美国著名人际关系学大师、美国现代成人教育之父、西方现代人际关系教育的奠基人戴尔·卡耐基提出："成功的人士中百分之十五是靠才能，百分之八十五是靠自身的人际关系。"作为父母，应该在人际交往方面培养孩子，要特别注意培养他们的交际能力。社会是需要这种人际交往能力的，这正是现在许多孩子身上所缺少的。为了让自己的孩子能够在人生之路上披荆斩棘，父母一定要培养孩子的交际能力。

琼斯太太有了新的邻居，她发现新邻居有对很可爱的双胞胎，她对自己的儿子说："瑞克，你要交到新朋友啦，你为什么不出去认识认识新朋友，带着他们去熟悉一下周围的环境呢？"瑞克犹豫了一会儿但最终还是出去了。他站在两个孩子旁边看他们整理东西，他尝试了几次都没有勇气开口。最终，他遗憾地走回了自己的房间，和母亲说："我很想和他们做朋友，但是我要怎么开口才可以呢？"妈妈突然明白自己需要为孩子提供一点儿必要的建议。妈妈并没有多说话，而是用行动告诉儿子应该怎么做，她做了孩子没能够做到的事情。她从容地走到两个双胞胎的旁边，看到正在忙着收拾自己东西的他们，面带微笑地说道：

"你们好，需要我帮你们一起收拾东西吗？"两个双胞胎对此也进行了热情的回应。瑞克看到这一切后，对妈妈说："我知道该怎么做了，下次，我一定可以成功的。"

现在，很多家庭都只有一两个孩子，这会让孩子缺乏与人沟通的能力，为孩子今后的发展带来一定的阻碍。身为父母，你能否成为孩子人际交往的导师呢？平时，你是否留意孩子身边有没有朋友及其能否和同龄的孩子友好相处？如果他的交往出现问题，你又是否向孩子伸出了援助之手？

只有真正在社会中生活才能积累社会经验。伴随着孩子的成长，交往的形式也越来越丰富。孩子的社交能力将直接影响他们的社会化水平。

除了先天基因影响孩子的个性之外，更重要的是后天的培养。儿童时期是孩子的人格发育时期，合理的社会交往可以使他们的个性得到全面发展。只要给孩子更多的时间和空间去交往，他们的精神世界就会愈加丰富多彩，那么得到帮助的机会就越多。当交往得不到满足的时候，孩子的心里会产生负面情绪，还有可能引发各种疾病。

良好的人际关系能促进人的潜能发展。如果一个人有着良好的人际交往能力，也会让他在交往过程中不断提升自己，促进全面发展。

妈妈，我在美术班又交到了一个志同道合的好朋友。

恭喜你儿子，交到好朋友可是一件好事呀。

孩子的性格和交际能力在一定程度上决定了他的人际关系水平，而良好的人际关系对孩子的身心发展有着极大的促进作用，两者息息相关。作为父母，一定不能忽视对孩子交际能力的培养。

一般来说，当孩子长到七八岁时，便开始越来越看重其他人对自己的评价。尽管他们从家庭中得到了很多帮助，但朋友所能带给他们的帮助也是很大的。教育学家认为，小时候的心理因素影响孩子的多方面发展，比如自尊心等。与之相悖，假如孩子没有朋友，或者不被其他小朋友所接受，即便他日后取得了成功，他获得的安全感和满足感也仍是缺失的。

1. 引导孩子不要太孤独

许多父母担心自己的孩子太孤独，害怕他们十分自私，不会考虑他人感受。有些父母也许觉得这样的孩子没有问题，但是当其步入社会之后，怎么能营造良好的人际关系呢？孩子以自我为中心是个很大的问题，如果不加以干涉，势必会影响到孩子将来的发展。所以父母一定要处理好这个问题，让孩子们真正懂得怎

"妙妙，妹妹演出，借给妹妹穿一会儿，就还给你！"

"她演出关我什么事？凭什么借我的裙子？"

么去与人交往。在这方面，父母要给孩子做榜样，父母之间也要学会互相体谅。

2. 提供良好的家庭环境

要想让孩子拥有良好的人际关系，父母要注意为孩子营造轻松和谐、互相关爱的家庭环境。家庭成员之间的关系是孩子接触的最早的人与人之间的关系，如果孩子感受到的是温暖、积极的情绪，那么孩子就会对人与人之间的交往有着愉快的感受并乐于与人交往。假如孩子的脑海里只记住了父母相互埋怨的声音，那孩子领悟到的可能就是付出是辛苦的，那么他便会形成只希望索取而不想付出的想法。除此之外，我们可以让孩子参与一些事情，让其与家庭合为一体。可以让孩子做些力所能及的家务活动，这样有利于培养他们的责任感。

3. 让孩子懂得分享

分享是人际交往中的重点，无论是分享具体的物品，比如玩具、食物，还是分享心情和感受，都是人际交往之中必不可少的内容。父母们也许会发现，现在的很多早教课和幼儿园中都有关于"分享"的话题，目的就是让孩子从小学会分享，为良好的人际关系打下基础。因此，父母也应该重视分享在孩子人际交往中的重要作用。

一点提示

在实际生活中，父母要鼓励孩子走出家门，接触朋友，让孩子从实践中感受交友带来的愉快情绪，这有助于培养孩子良好的人际交往能力。

让孩子在集体中成长

一滴水只有融入大海才不会干涸。不管一个人多优秀，假如没有别人的配合，很多事情都没办法做好，很难在社会上立足。局部的力量是有限的，要把握整体的力量，大家都需要依靠集体才能成长起来。争取上进当然是一种好的心态和做法，但如果离开了集体我行我素，就无法把事情做得尽善尽美，有时还会给自己带来麻烦。

阿秀上学的时候非常喜欢足球运动，是校队的核心成员。参加比赛时，同学和老师都夸他足球踢得好，慢慢地，阿秀产生了以自己为中心的不良想法，最终导致他和队友之间的矛盾越来越多。后来，进行了一场让他记忆犹新的比赛，深深地触动了他。

在联赛的最后一场比赛，获胜的球队将成为市里的第一校队。赛前，教练告诉阿秀一定要注意配合，不要只顾自己表现，他没多想就应允了。上半场，阿秀和往常一样全力进行比赛，没有出现意外，在即将结束时，阿秀带球突破后攻进一球。观众一下子欢呼起来，阿秀突然产生了前所未有的成就感，高高兴兴地结束了上半场的比赛。

　　下半场时，虽然对方落后了，但没有放弃，阿秀他们反而有些松懈。特别是阿秀，他觉得现在已经是下半场了，还领先一球，不用再努力了，只要保持到终场就行了。他忘记了教练上场前叮嘱他的话。在和队友配合当中，他完全可以把球传给有利位置的队友，可是，他却只想自我表现。当他毫无困难地过了对方一个球员时，对方却一下子上来四五个球员，把阿秀团团围住，没有任何射门的机会。最后，他们被对方打败，输了这场球，也失去了第一校队的称号。

　　假如阿秀知道与队友进行配合，就能够赢得这场比赛的胜利，因为过分相信个人能力和自我表现的强烈欲望，比赛最终失败了。父母要教育孩子，一个人的能力不可能解决所有的问题，周围一定还有比你更加优秀的人。只有学会合作完成共同的目标，才能收获真正的快乐。

　　一次，儿童作家盖达尔和小女儿珍妮一起参加夏令营活动，他要为小朋友们讲一个自己写的故事。在大家认真听他讲这个精彩故事的时候，珍妮却听不进去，她时而拍拍门，或者从大家面前走过，想通过这种行为吸引大家的注意力。她的表情透露着这样的信息："你们看见我没，我爸爸是盖达尔！那个给你们讲故事的人就是我的爸爸。"

　　珍妮的爸爸对女儿的这种行为很生气，他严肃地说："请工作人员把扰乱课堂秩序的小朋友带出去，她影响了大家听故事。"小珍妮没想到爸爸会这么做，她大哭起来，挣扎着不想出去，但却被工作人员拉了出去。她单独站在另一个房间里哭了半天。

"这位小朋友扰乱秩序，请把她带离现场。"
"不要，我不要离开，我要听爸爸讲故事"。

故事讲完了，小朋友们用热烈的掌声感谢盖达尔讲了一个精彩的故事，盖达尔也用实际行动教育了大家。当盖达尔准备离开的时候，一个少年赠给他一个笔记本，并且在第一页上写了一句话：赠给无私公正的盖达尔老师。

盖达尔深知，自己的女儿只不过是想让大家都注意她罢了，先天的优越感会让她忽视群体生活，必须及时制止这种行为，否则，她以后会越来越难以融入集体生活中。他坚决的态度彻底纠正了女儿的骄横心理，取得了非常好的教育效果。

那么，父母应该如何教育孩子适应集体生活呢？

1. 培养孩子与人沟通的方法

教育孩子学会换位思考、理解和宽容别人。父母应该注意自己的榜样作用，不要在孩子面前随意评论他人，要有一颗善良宽容的心。

2.多关心孩子所在的集体

父母要多关心孩子所在集体的情况，和孩子一起参与讨论班上的各种问题。有时候，父母还应该主动参加孩子所在集体的活动，给予孩子支持与鼓励。父母多了解孩子所在的集体环境，其实是在为孩子创造一个良好的家庭环境，让他感到父母时刻在关注他、爱护他。

3.鼓励孩子竞选班干部和承担应尽的责任

不论职务有多高，不论责任有多轻，都对培养孩子在集体中的责任感有好处，也有利于提高孩子人际交往的能力。

4.及时给孩子疏导和鼓励

如果孩子在集体生活中遭遇了困境，父母要及时给孩子疏导和鼓励，协助孩子做出客观的分析与判断，和他一起分析利弊，引导他做出正确的处理方法，从而摆脱不利环境的困扰。

一点提示

作为父母，一定要让孩子从小感受集体的力量。这样孩子才懂得什么是分工协作，什么是集体荣誉感，也会让孩子更多地感受集体的温暖，促进人际交往能力的提升。

"

要让孩子宽以待人

中国有句名言："严于律己，宽以待人。"这是告诫人们对自己要时刻严格要求，而对待他人要有一颗宽容之心。事实上，真正做到严于律己并不容易，做到宽以待人可能更难，特别是对于处在生长发育期的孩子来说。俗话说年轻气盛，由于孩子年纪小阅历太少，不知道宽容胸怀的人生价值，在遇到困难时，很容易变得心胸狭窄。

芳芳每天都去学习游泳。有一天，妈妈去接芳芳回家的时候，发现芳芳哭着站在游泳馆门口，教练正不知所措地一边陪着她，一边安慰她。妈妈赶快上前去问发生了什么事情。原来，今天上课的孩子特别多，下课后，教练不小心将芳芳自己留在了游泳馆内。等到发现少一个人时，教练赶紧回游泳馆去找芳芳，而芳芳害怕得早已哭成了泪人。尽管教练不停地向芳芳道歉，可是芳芳就是不愿意原谅，甚至还说明天起再也不来学游泳了。妈妈听完事情的原委之后告诉芳芳："好了，没事了。教练也正在为这件事情难过呢。她不是故意这样做的，你亲一下教练，她需要你的原谅哟！"芳芳开始还是有些犹豫，但是在妈妈耐心的劝说和引导下，芳芳理解了这件事不是教练故意的，也并不是忽视自己，于是她不再伤心难过，而是听话轻轻地亲了亲教练的脸，并不好意思地对教练说："教练，你不要难过了，我已经没事了。"之后，芳芳自己也开心起来，第二天继续高高兴兴地去学习游泳了。

　　上述例子中，芳芳妈妈的做法是很值得借鉴的。在孩子受到所谓的"委屈"时，她劝说并引导孩子大方、宽容地谅解别人的过错，而不是冲上去斤斤计较地找教练理论，不分青红皂白地对别人予以指责。如果那样做的话，孩子会觉得自己越来越有理，越来越委屈难过。在成长的过程中，孩子深受父母行为的影响，如果父母事事教会孩子宽容以待，就会让孩子发现快乐越来越多，脚下之路也越走越宽。

"我真的不是故意把你落下的，请你原谅我。"

"教练也很难过，需要原谅哟。"

教会孩子宽以待人，对于孩子情感的健康发展和建立良好的人际关系有重要意义。具体来讲，父母应该注意以下几个方面：

1. 让孩子学会换位思考问题

父母要引导孩子学会替别人着想。与人交往中，要宽容、理解别人，避免生气、对抗，这么做对孩子的健康成长是有益处的。

父母要引导孩子学会换位思考，也就是说当双方有矛盾的时候，一方能够站在另一方的角度上思考问题，理解对方为什么这样说话、做事。一旦真正做到了这一点，孩子就学会了换位思考，从而避免很多不必要的矛盾。

如果孩子从父母的角度考虑问题，就可以理解父母的用心；从奶奶的角度考虑，就会理解老人的心情；从老师的角度思考，则会明白老师对自己的希望；从同学的角度思考，则会发现同学也有自己的苦恼。因此，教会孩子学会换位思考是非常重要的。

2. 让孩子学会谅解，要给别人改正错误的机会

教育孩子对朋友要真诚，更要宽容，在对方犯错时，不要斤斤计较，而是要给予对方改正错误的机会，最好还要帮助对方改正错误和不足。告诉孩子，原谅别人才能获得别人真正的尊重，才能让对方有机会弥补自己的过失，这样可以巩固双方的友谊。同时，宽容也会让自己忘掉很多不必要的烦恼，收获更多的阳光与快乐。

3. 把握机会，及时教育孩子要宽容大度

要想教育孩子学会宽以待人，父母应该在日常生活中从一点一滴做起。

珊珊对父母说她们班级里有一个男生力气很大，经常欺负同学，而且总是堵着门不让同学们出入。一个下雨天，爸爸去接珊珊。爸爸在学校门口看见这个孩子正在四处张望，原来他没有带雨伞，正在着急。爸爸说："小同学，叔叔送你回家吧。"珊珊一听，偷偷对爸爸说："他就是我说的那个男生，还欺负过我，不要管他。"爸爸装作没有听到，要求珊珊把那个男生请上车，并把他送到家。这个孩子到家后，高兴地向珊珊表示感谢。

回到家里，爸爸告诉珊珊，不要因为同学有缺点就不帮助他，更不能因为同学有错就不原谅他，而应该尝试和他交往，争取成为

朋友，和他一起纠正他所犯下的错误。事后，两个人慢慢成了好朋友，在珊珊的劝说下，男生逐渐改正了之前的缺点，后来变成了一名优秀的学生，不仅成绩提升很快，还很乐于帮助同学。

"小同学，叔叔送你回家吧。"
"爸爸，他欺负过我。"

一点提示

孩子的宽容之心最主要的就是来源于父母，如果父母宽容大度，遇事不斤斤计较，与人相处融洽，孩子就会宽容、善良，乐于与同学友好相处。